AF204428

www.tredition.de

E.B. und NichtGanzDichter

„Do machscht was mit!"

GESCHICHTEN DER PFÄLZER OMA

50 heitere, dramatische, unglaubliche Tatsachenberichte – von 1930 bis 2020

www.tredition.de

© 2021 NichtGanzDichter

3. Auflage

Verlag und Druck: tredition GmbH, Hamburg

ISBN
Paperback: 978-3-7469-0003-2
Hardcover: 978-3-7469-0215-9
e-Book: 978-3-7469-0216-6

Inhaltsverzeichnis

Nachkriegs- und Hungerjahre

Vom Leben in den 1950er und 60er Jahren

Aus den letzten Jahrzehnten

Vorwort *von NichtGanzDichter, im Juli 2021*

Seit vielen Jahren verfasse ich Gedichte und Texte aller Gattungen – und stehe als „NichtGanzDichter" auf der Bühne. Nachdem im März 2017 mit den „Geschichten eines nicht ganz Dichten" die besten Anekdoten aus einem zugegebenermaßen unge- wöhnlichen Leben in Buchform erschienen sind, war nur wenig später bereits eine neue Idee geboren:

Von den überwiegend skurrilen Erlebnisberichten inspiriert, beschloss meine zu diesem Zeitpunkt 86- jährige Großmutter, auf ihre alten Tage ihrerseits die prägendsten und spannendsten Lebensereignisse zu Papier zu bringen. Ich gebe gerne zu, dass ich sie in diesem Vorhaben bestärkt habe, immerhin waren mir viele ihrer Erzählungen bestens bekannt. So schlug ich kurzerhand vor: „Lass uns ein Buch daraus machen!" Schließlich ist im Leben meiner Oma – bis ins hohe Alter – dermaßen viel Außergewöhnliches (und Amüsantes!) geschehen, dass es mir doch in hohem Maße berichtenswert erschien!

Und so setzte sich die „Pfälzer Oma", die unter ihren Initialien E.B. auftreten wollte, trotz bereits fortgeschrittener gesundheitlicher Beeinträch- tigungen und teils starker Schmerzen an ihren rustikalen Wohnzimmertisch und begann, voller Enthusiasmus drauflos zu schreiben – manches Mal die ganze Nacht! Da jagte eine Geschichte die nächste, am Ende waren es 50 an der Zahl!

Mein Part als sich ihr eng verbunden fühlender Enkelsohn und kreativer „NichtGanzDichter" bestand fortan darin, aus all den Aufzeichnungen und weiterführenden Informationen, die mir die Großmutter an die Hand gab, ein Buch zu formen! In vielen Fällen wurde ihr Originalbericht, inklusive der herrlichen, teils in Mundart geführten Dialoge, fast unverändert übernommen – und mit der passenden Überschrift versehen! Erläuterungen habe ich immer dort eingefügt, wo sie zum Verständnis der Geschehnisse geboten erschienen. Oder wer weiß heute noch, was es mit den „Christbäumen" am Nachthimmel auf sich hatte? Manchen Text haben wir auch gemeinsam am Telefon ausformuliert! Personennamen wurden mitunter verkürzt oder verfremdet, doch sind Charakter und Inhalt der Originalaufzeichnungen stets erhalten geblieben – schließlich ist alles genau so passiert! Gerade der pointierte bis forsche Erzählstil der Oma ist es ja, der die Erinnerungen von anno dazumal zu einer unterhaltsamen wie lehrreichen Lektüre auch für nachfolgende Generationen macht!

Somit kommen die „Geschichten der Pfälzer Oma" – inzwischen in der 3. Auflage – meist heiter, mal dramatisch und tief berührend daher, versehen mit einer gehörigen Portion Witz! Kein Wunder, denn meine Großmutter ist mit einer Lebensfreude und Schlagfertigkeit zu Werke gegangen, von der sich mancher Miesepeter eine Scheibe abschneiden könnte. Angesprochen auf ihr stolzes Alter, wobei ihre Stimme selbst an ihrem 90. Geburtstag noch um

Jahrzehnte jünger klang, pflegte sie in ihrer ureigenen Pfälzer Mundart zu sagen: „So alt wird kee' Kuh im Odenwald" – womit sie Recht behalten sollte! Ein anderes Mal stellte sich vor den Spiegel und klagte: „Des is ja furchtbar, ich seh' ja aus wie 80!" – worauf ich entgegnete: „Dann hast du dich aber gut gehalten, du bist 87!" Man kann sich vorstellen, dass die gemeinsame Arbeit an diesem Buch nicht nur mit Aufwand, sondern mit ebenso viel Freude verbunden war!

Herausgekommen ist eine chronologische Sammlung von Zeitzeugenberichten, die einen Zeitraum von den 1930er Jahren bis zu ihrem letzten Lebensjahr 2020 abbilden. Zu großen Teilen spielt sich das Geschehen in Ludwigshafen und Umgebung ab. Ich muss gestehen, dass mich diese Erzählungen beim Lesen, Hören und Bearbeiten beeindruckt, aber auch immer wieder zum Lachen gebracht haben!

Bei allem, was die Großmutter erlebt und erlitten hat, so hat sie sich eines jedenfalls immer bewahrt: einen ausgeprägten Sinn für Gerechtigkeit und Wahrhaftigkeit! Dafür hat sie, wenn es ihr nötig schien, keinen Konflikt gescheut – streitbar und kampfeslustig war sie ihr Leben lang! Es gibt so viele weitere Eigenschaften, die die „Pfälzer Oma" zu einem echten Unikat machen. Neben ihrer unkonventionellen Art wäre die enorme Risikobereitschaft zu nennen – und ihr ständiges Lachen! Darüber hinaus hat sie gerne gebaut: vier Häuser, darunter das Café West in Oppau, an das sich die Älteren vielleicht noch erinnern und von dem mehrere ihrer Berichte handeln! Noch im hohen Alter sagte die Oma zum Enkel: „Wenn ich mich besser bewege' könnt', würd' ich wieder baue'. Aber wenn du mal baue' willsch': Kein Problem, ich stell' mich danebe' und geb' die Befehle!" Ihr größtes Interesse war allerdings nicht von dieser Welt… Für Außerirdische hat sie sich restlos begeistert! Folgerichtig hatte sie mit mir auch eine Vereinbarung: Sobald die Aliens bei ihr landen, würde ich der erste sein, den sie anruft!

Zweifellos hat die Autorin in ihrem Leben neben viel Heiterkeit, einiger Tragik – zwei ihrer Brüder sind im Krieg gefallen – vor allem eines erfahren: Glück! Was dabei oft eine Rolle spielte, war ihr ausgeprägter Instinkt – oder wie sie sagte: „Auf dei' G'fühl kannsch dich verlasse'!" Eine glückliche Wendung nahm das Leben der „Pfälzer Oma" auch dadurch, dass sie seit Veröffentlichung dieses Werkes viele Male auf der Bühne stand und ihre Geschichten vor Publikum zum Besten gab – was ihr Presseberichte, aber auch alte wie neue Bekanntschaften einbrachte!

Man ahnt es schon: ein ziemlich bewegtes Leben und eine ziemlich ungewöhnliche Persönlichkeit – oder wie die Oma es formuliert hätte: „Do machscht was mit!" Aber lesen Sie selbst! Rückmeldungen, insbesondere von Zeitzeugen, sind willkommen: info@nichtganzdichter.com.

Los geht es mit einer bemerkenswerten Geschichte, die einen weiten zeitlichen Bogen von der Vorkriegszeit bis hinein in die Hungerjahre spannt.

„Ein deutsches Mädchen trägt keine Ohrringe!"

Diese wunderschönen Ohrringe habe ich mir als Geburtstagsgeschenk über alles gewünscht. Sie waren golden, bestanden aus einer kleinen Kugel und hellblauen Herzen. Ich war sechs Jahre alt und sehr stolz darauf. Die Idee, dass es die Möglichkeit geben könnte, dass jemand von mir verlangt, ich solle meine Ohrringe ausziehen, war für mich undenkbar.

Vier Jahre später, 1940: Ich werde in den Kreis der „Jungmädel" aufgenommen, und ich bin begeisterte Anhängerin von Adolf Hitler. Mit meiner Begeisterung bin ich damals nicht allein. Wir hatten Heimatabende, da wurde gesungen, ich kenne heute noch die alten Heimatlieder. Es wurde gebastelt, und am Rhein suchten wir Heilkräuter. Mit meiner Freundin Inge bin ich heute noch – und wir sind inzwischen weit über 80 – der Überzeugung: Für uns war es eine schöne Zeit. Zunächst...

Unter anderem hatten wir eine Schaftsführerin, Hella, die suchte sich schließlich eine Stellvertreterin. Da kam sie auf mich! Nun hatte ich eine ganze Schar Mädchen, die ich herumkommandieren konnte. Und ich gebe es zu: Mir machte das unheimlich Spaß! Ihr werdet es nicht glauben, aber wir konnten marschieren wie die Jungen, schließlich haben wir das gelernt! Da marschierten wir an den Rhein und sammelten zum Beispiel die schon erwähnten Heilkräuter. Natürlich bin ich vorher mit meiner Schar noch singend an unserem Haus vorbeimarschiert. Meine Mutter kam ans Fenster, und als sie mich sah, hat sie die Hände über dem Kopf zusammengeschlagen: Aber von mir war sie schon allerhand gewohnt... Mit Kräutersammeln war es allerdings bald vorbei, schließlich hatten wir Krieg! Schon bald fielen die ersten Bomben auf Oppau. Am Tag kamen dann die Amerikaner mit ihren Flugzeugen und nachts die Engländer – oder war es umgekehrt? Genau weiß ich das nicht mehr.

In dieser Zeit kam Hella, die Schaftsführerin, eines Tages auf mich zu und sagte: „Deine Ohrringe kannst du aber jetzt ausziehen." Ich entgegnete: „Nein, die ziehe ich nicht aus!" – „Dann kannst du nicht in die Führerinnen-Schule kommen. Ein deutsches Mädchen trägt keine Ohrringe!" Ich erzählte alles meiner Mutter, und die war der Ansicht, dass ich die Ohrringe ausziehen könnte, sie wären auch etwas kindlich. Nein. Egal, wer es ist, ich lasse mir keine Befehle erteilen! Ohrringe blieben an den Ohren!!! Meine Mutter kannte mich genau. Sie wusste, dass nur ich allein bestimme, wann ich sie ausziehe.

Eigentlich hätte ich diese Ohrringe gerne ausgezogen. Ich war schon nahe dran, nachzugeben, denn sie waren tatsächlich ziemlich kindlich. Dann geschah Folgendes: Das ganze Jungvolk hatte sich am Willersinn-Weiher in Ludwigshafen getroffen. Tausende Jungen und Mädchen saßen um das Wasser herum. Es war ein tolles Fest! Um genau zu sein: Es war die Feier, mit der wir die Sommersonnenwende begingen. Feuer brannten, und all die heimeligen Lieder wurden gesungen. Als die Feier vorbei war und ich auf dem Heimweg, stieß ich mit unserer Gruppenführerin, A., zusammen. Die hatte eine Schar Mädchen um sich. Als sie mich sah, kam sie etwas näher und sagte so halblaut: „Du weißt, warum" – und zeigte mit dem Finger auf meine Ohrringe. Ich sah sie nur an und ging weiter. Man kann sich bestimmt denken, dass das Ausziehen der Ohrringe für mich kein Thema mehr war.

Wie ging es weiter?

1945 – Krieg aus. A., die Gruppenführerin, wird von den Franzosen verhaftet, sie muss ein Jahr in Frankreich verbringen. Über die Umstände ihrer Inhaftierung ist mir nichts Näheres bekannt. Später sah man sie mit Sportwagen durch Ludwigshafen rasen, wird erzählt, und sie hat ein hohes Alter erreicht.

Aber was wurde aus den Ohrringen? Von 1945 bis 1948 herrschte in der Pfalz – und nicht nur dort! – eine große Hungersnot! Wir hatten zwar Lebensmittel-karten, und ab und zu wurde irgend etwas aufge-rufen, das es jetzt angeblich dafür gab. Es war aber so wenig, dass man damit allein nicht überleben konnte! Also ging man auf die Äcker – stehlen – und auf den Schwarzmarkt. Da konnte man tauschen, wenn man etwas hatte! Ich erwähne oft, dass Kardinal Frings aus Köln damals von der Kanzel predigte: „Es ist keine Sünde, wenn die Menschen in dieser Zeit Lebensmittel organisieren." So war ich ohne schlechtes Gewissen dabei. 1945, 1946, 1947 – das waren sehr harte Jahre! In dieser Zeit war ich fast jeden Tag auf dem Land unterwegs und versuchte, etwas zu „organisieren". Die Bauern behaupteten zwar, sie hätten selbst kaum noch etwas zum Tauschen, die Franzosen hätten ihnen alles abgenommen. Aber oft hatten sie doch noch etwas übrig. Die Züge waren damals übervoll, die Menschen saßen auf den Dächern und hingen an den Seiten wie Trauben. Autos gab es zu dieser Zeit nicht – höchstens Militärfahrzeuge.

Jetzt war das Jahr 1947 gekommen, ich war siebzehn, und kein Mensch wusste, was er essen sollte. Eines Tages sagte ich zu meiner Mutter: „Rechne damit, dass ich heute Abend mit leerem Rucksack zurückkomme!" Ich machte mich auf den Weg zu einem Dorf – und überlegte, schon bald wieder zurückzufahren. Weit und breit war nämlich nichts aufzutreiben! Doch der Zug fuhr nur einmal am Tag. Somit hatte ich noch vier Stunden Zeit, und die musste ich jetzt irgendwie überbrücken. So lief ich schon fast entmutigt in ein Haus, in der Hoffnung, etwas Essbares zu finden. Ich redete mit der Frau, die ich darin antraf – und auf einmal kam die kleine achtjährige Tochter dazu und sagte zu ihrer Mutter: „Guck' mal, was das für schöne Ohrringe sind!" Da machte mir die Mutter ein Angebot: „Wenn ich die Ohrringe haben könnte, gebe ich dir 40 Pfund Weizen."

Das war für mich die neue Erkenntnis, jetzt ziehe ich diese blauen Herzen aus! Für 50 Pfund werde ich diese hergeben – und ich habe sie sofort ausgezogen!

Das Mädchen war überglücklich. Die Frau nahm meinen Rucksack und wollte gerade in die Scheune gehen, um den Weizen zu wiegen. Da rief ich: „Moment mal, ich komme mit!" Ich wusste nämlich, dass bei den Bauern auf der Dezimalwaage nicht nur gewogen, sondern manchmal auch betrogen wurde. Eigentlich kannte ich mich mit so einer Waage überhaupt nicht aus! Aber ich stellte mich neben das Gerät und beobachtete genau, wie die Frau das alles machte. Sie meinte: „Ich glaube, es stimmt so." – „Na, ein bisschen muss noch drauf" – und eine Schaufel Weizen kam noch dazu! Ich habe zwar alles beobachtet, aber ob das wirklich so richtig war, das weiß ich bis heute nicht.

Als ich mit dem prall gefüllten Rucksack zuhause ankam, war meine Mutter völlig überrascht. Sie konnte kaum glauben, dass die Ohrringe nicht mehr da waren. Ehrlich – ich war froh, dass ich sie endlich ausgezogen hatte!

Die Erzählerin – eine Nachbarin, die mich prägte

1930 kam ich in Oppau zur Welt. Damals gehörte der Ort noch nicht zu Ludwigshafen, und die Pfalz gehörte noch zu Bayern. Mein Vater Philipp verdiente sein Geld als Maurerpolier, meine Mutter Friederike kümmerte sich um mich und um meine drei Brüder.

Als kleines Mädchen konnte ich mir mein Leben ohne Frau Denzer nicht vorstellen. Sie wohnte mit Ehemann in unserem Haus in Oppau, und es war noch alles friedlich. Noch gab es keinen Fliegeralarm. Frau Denzer war stark übergewichtig, konnte kaum laufen und wurde liebevoll von ihrem Ehemann umsorgt.

Er war ein großartiger Maler! In unserem Haus hingen viele Bilder von ihm, er gab auch Unterricht in Malerei. Beide Denzers waren schwerhörig – deshalb war das immer ein lautes Leben! Früh morgens las er seiner Frau die Zeitung vor, die ganze Zeitung! Sie lebten im Erdgeschoss. Obwohl die Fenster geschlossen waren, hörte jedermann, bis drei Häuser weiter, jedes Wort, das vorgelesen wurde – trotzdem kamen nie Beschwerden von Anwohnern.

Mittags saß Frau Denzer auf einem breiten Stuhl, den ihr Mann in unseren Hof für sie hingetragen hat. Da saß, wie eine Königin – die weiten Röcke umhüllten den breiten Stuhl – Frau Denzer und erzählte aus ihrem Leben, und mindestens acht Kinder aus der Nachbarschaft saßen um den Stuhl und hörten gebannt zu! Sie konnte ununterbrochen über Begebenheiten aus ihrem Leben plaudern, jeden Tag. Sie war einfach eine begnadete Erzählerin!

Auch Erwachsene lauschten ihr manches Mal und waren ganz in ihrem Bann. Ich habe später, als sie im Krieg ausgebombt wurde, erfahren, dass sie auch in dem Mehrfamilienhaus, in dem sie mit ihrem Mann fortan lebte, jeden Tag eine große Schar Menschen um sich hatte. Sie wurde von allen geliebt, und alle hörten ihr zu!

Sehr gerne sprach Frau Denzer von ihrer Familie – es muss eine tolle Familie gewesen sein! Auch erzählte sie von ihrem jüngsten Sohn. Der ging eines Tages fort und sagte: „Ich gehe zur Fremdenlegion!" Für diejenigen, die es nicht wissen: Das ist eine Söldnertruppe der Franzosen, die in der ganzen Welt in Kriegsgebiete geschickt wird. Man kann sich dort auf längere Zeit verpflichten und wird gut dafür bezahlt.

Auch nach zehn Jahren hatte sich ihr Sohn noch nicht gemeldet. Ich glaube, sie war darüber unglücklich. Gesagt hat sie das aber nie. Eines Tages, Frau Denzer saß wieder von einer Meute Kinder umgeben auf ihrem Thron, öffnete sich das Hoftor, und ein toll aussehender Mann, braungebrannt, fremdländisch wirkend, betrat den Hof. Wir waren ganz still! Da sprang Frau Denzer – die nicht gehen konnte! – auf, rannte durch den Hof… und ein Schrei: „Martin!" Es war ihr „verlorener" Sohn! Ich hörte nur, wie er sagte: „Mutter!"

Wie tragisch dieses Wiedersehen war, wussten wir als Kinder natürlich nicht. Aber alle waren sie nun da! Herr Denzer hat geweint, das weiß ich noch. Aber warum er das tat, ahnte ich damals nicht. Nun war Martin zurück – und… er konnte genauso erzählen wie seine Mutter! Jetzt hörten sie alle seine Geschichten, die er in der Fremdenlegion erlebt hat!

Da sagte meine Mutter zu mir: „Martin hat eine Freundin mitgebracht, ich hoffe, dass du sie freundlich grüßt, wenn sie nachher kommt. Sie heißt Fräulein Etzkorn." – „Ach, was ein Name, ha, ha, ha, Etzkorn!", platzte es aus mir heraus. „Untersteh' dich, dass du lachst!" Ich habe geschworen, dass ich nicht lache – habe auch nicht gelacht.

Am nächsten Tag musste ich in der Metzgerei für meine Mutter etwas einkaufen. Mit einer Freundin betrat ich den Laden… und wer stand an der Theke? Frollein Etzkorn!!! Ich flüsterte mit meiner Freundin, erzählte „von wegen Etzkorn", und es wurde gekichert, wie man das als kleines Mädchen eben so macht. Dann hörten wir Frollein Etzkorn, wie sie in ganz geschwollenem Hochdeutsch sagte: „Ja, ich hätte gern ein viertel Pfund…", sie läuft hin und her, betrachtet die Wurst, „ein viertel, ein viertel, ein viertel Pfund… ach, ich weiß noch nicht!!!" Ein Schrei von uns – und wir stürmten aus dem Laden! Vor dem Geschäft standen wir und lachten ohne Pause, und immer wieder sagten wir: „ein viertel Pfund, ich weiß noch nicht!"

Dann kam die dünne Etzkorn doch tatsächlich heraus, genau auf mich zu: „Das sage ich deiner Mutter!" Meine Mutter war eine ruhige, zurückhaltende Frau. Sie meinte nur: „Fräulein Etzkorn hat mir alles erzählt." Ich sagte: „Mamme, ich erzähl' dir jetzt mal, warum wir so g'lacht haben." Und ich erklärte es ihr: „Ich hätte gern ein viertel, ein viertel Pfund, ich weiß noch nicht." Da fing meine Mutter ebenfalls an zu lachen, und so lachten wir gemeinsam. Jedenfalls ist Frollein Etzkorn durch ihre „schrullige" Art noch mehrmals aufgefallen!

An einen Tag im Sommer erinnere ich mich noch ganz genau. Da hielt ich mich im Garten auf. Ich war ungefähr fünf Jahre alt. Es war sehr heiß, wie so oft in der Pfalz. Auf einmal kam ich ins Stolpern und fiel rücklings in den Fischteich auf unserem Grundstück! Ich konnte mich nicht mehr befreien und kam mit dem Kopf unter Wasser. Frau Denzer hat das zufällig gesehen. Obwohl sie, wie schon erwähnt, eigentlich gar nicht laufen konnte, ist sie sofort von ihrem Stuhl aufgesprungen, ist zu mir gerannt und hat mich aus dem Teich gerettet!

Frau Denzer war eine tolle Frau – und eine prägende Figur meiner Kindheit!

Die ersten Bomben

Als die ersten Bomben überhaupt auf Oppau fielen, das war in der Nacht vom 4. auf den 5. Juni 1940. Und es passierte so: Es gab keinen Alarm, und vom Krieg wussten wir noch nicht so viel. Schließlich war der Krieg noch nicht bei uns! Alles war weit weg!

Ein junger Mann, der bei uns im Haus wohnte, rief nachts um 2 Uhr: „Aufstehen! Da kommt ein feindliches Flugzeug!" Wir wussten alle, dass verdunkelt sein muss, was aber noch nicht überall richtig funktionierte. Es war aber wichtig, dass die Flugzeuge die Stadt nicht sehen können! Die Straßenbeleuchtung vor unserem Haus war jedenfalls eingeschaltet. Alles war hell! Ein Nachbar versuchte noch, das Licht zu löschen, indem er mit einem Stein auf die Lampe über der Straße zielte. Er traf sie nicht. Und in den Keller kamen wir auch nicht mehr.

Dieses eine Flugzeug warf nur drei Bomben ab. Ich denke, der Pilot hatte sonst keine mehr an Bord. Die erste Bombe fiel sechs Meter neben unser Haus, das dabei schwer beschädigt wurde. Mein kleiner Bruder, Manfred, vier Jahre alt, lag zu dem Zeitpunkt in seinem Bett und wurde geradezu überschüttet von Glasscherben, als das Fenster zerbarst. Bombensplitter durschlugen die Tür des Kleiderschranks und zerstörten die Anzüge meines Vaters komplett. Was aber ganz blieb, und daran erinnere ich mich komischerweise ganz genau, war eine Schüssel mit Eiern, die auf dem Schrank stand!

Wir haben unser Haus danach, so gut es ging, wieder hergerichtet, und das nicht zum letzten Mal! Insgesamt haben wir im Krieg dreimal wieder aufgebaut.

Es gab nur eine Tote in dieser Nacht – und das war meine Freundin Marga. Sie lag tot im Bett. Da hat die zweite Bombe ihre verheerende Wirkung gezeigt. Die dritte Bombe, die in dieser Nacht abgeworfen wurde, fiel auf freies Feld.

Zwei Tage nach diesem Vorfall kam Joseph Goebbels, der Reichspropagandaminister, mit seinem Gefolge nach Oppau. Er wollte alles betrachten – wegen drei Bomben. Alles wurde für ihn abgesperrt. Er stand auf dem Trottoir vor unserem Haus und lief hin und her. Eine Woche später gab es den nächsten Luftangriff. Diesmal fielen mehr Bomben. Sie trafen die Rathaus-straße.

Marga und ich waren damals zehn Jahre alt, und ich denke heute, mehr als 70 Jahre später, immer noch ab und zu an meine Freundin. Sie hatte wunderschöne Zöpfe.

Lehrers Liebling – meine Schulzeit im NS-System

1940: Ich bin zehn und gehe in die vierte Klasse Volksschule. Wir müssen nach dem „ABC" unserer Nachnamen antreten. Die ersten vier kommen im neuen Schuljahr zu Fräulein Geiger, also auch ich. Die anderen kommen zu Lehrer Th. Ich bin der unglücklichste Mensch der Welt!

Ich renne und renne... bis ins Haus – und werfe mich im Wohnzimmer aufs Sofa und heule wie ein Schlosshund! Das ist meine Mutter von mir nicht gewohnt, denn ich breche nicht so leicht in Tränen aus. Mutter bemüht sich zu erfahren, was los ist. Irgendwann fing ich an zu erzählen: „Ich geh' nicht zu der Geiger'n in die Schule – ich will zum Th.! Oder ich geh' überhaupt nicht mehr zur Schule!" Frl. Geiger war mir einfach nicht sympathisch, warum das so war, kann ich heute gar nicht mehr genau begründen... Mit der Zeit verstand meine Mutter, was ich erzählte. Sie sagte, das sei doch ganz einfach: „Du wäschst dir dein Gesicht ab, damit du wieder normal aussiehst, dann setzt du dich aufs Fahrrad und fährst zum Th. und sagst ihm, dass du zu ihm in die Klasse willst! Dann siehst du, was passiert!" Ja, das war die Lösung! Ja, ja, das mache ich! Die Welt sah gleich wieder klarer aus.

Als ich die Klingel gedrückt hatte, kam Frau Th. an die Tür. Für mich war das enttäuschend, weil ich ja mit Herrn Th. gerechnet hatte. Die Ehefrau war aber sehr nett und freundlich. Ich sagte: „Ich möchte gerne mit Ihrem Mann reden!!!" – „Er ist nicht da. Aber kann ich dir helfen?" Ich wusste gar nicht, wie ich anfangen sollte. „Also meine ganze Klasse ist ab heute bei Ihrem Mann, nur ich muss zu Frl. Geiger – aber ich will in die Klasse Ihres Mannes!" Die Frau war sprachlos, nicht, weil ich in die Klasse ihres Mannes wollte, sondern weil er auf einmal Mädchen in der Klasse hatte! Dazu muss man wissen, dass Herr Th. bis jetzt nur Knaben unterrichtete und dass er äußerst unbeliebt war. Er machte im wahrsten Sinne des Wortes „Rundumschläge", er kloppte laufend in die Menge, was seine Frau wusste. Wenngleich so etwas damals nicht unüblich war, sagt man, er habe so heftig geschlagen, bis eines Tages seinem rechten Arm die Kräfte abhanden gekommen sind!

„Ja, was machen wir nun?" – Frech sagte ich: „Wir machen das so: Sagen Sie bitte Ihrem Mann, dass ich morgen bei ihm in der Klasse bin! Heil Hitler!" Th. war ein großer Nationalsozialist. Der Begriff „Nazi" war damals übrigens kaum verbreitet. Man sagte zum Beispiel „PG", das bedeutete „Parteigenosse". Meistens erschien Th. in Uniform. Er hatte viele Feinde und brachte einige von ihnen ins Konzentrationslager (KZ). Zu dieser Zeit hatte er eine große Klasse, die halb aus Mädchen, halb aus Jungen bestand. Ich glaube, es waren 50 Kinder. Uns Mädchen gegenüber gab er sich fürsorglich, für uns war er ein toller Lehrer, mit dem wir auch nach dem Unterricht gerne plauderten. Er konnte fesselnd erzählen, und er hatte seine Lieblinge. Einer davon war ich – und das wusste ich!

Dann war es soweit. Ich stand allein vor der Klasse. Th. kam in SA-Uniform auf mich zu und fragte: „Du willst zu mir?" – „Ja, ich will zu Ihnen in die Klasse!" Da wandte er sich an die Meute: „Wollen wir die bei uns behalten?" Ein Schrei – ja, ja, ja! Und so kam ich in die Klasse von Lehrer Th.! Er fragte: „Wirst du mir deinen Namen verraten?" Habe meinen Namen gesagt, und er meinte: „Deine Brüder waren auch bei mir!" Das wusste ich… Ich war glücklich, dass ich zum Th. in die Schule gehen konnte. Ob das irgend jemand außer mir verstand? Mein Vater sagte dazu: „Hugo und Philipp mussten zu ihm, aber du gehst freiwillig…" Sonst wurde nicht davon gesprochen. In der Klasse saß ich ganz vorn, auf dem ersten Platz. Ich weiß heute noch, was wir damals gelesen haben. Es war „Mümmelmann, der alte Heidhase". Für mich war die Welt wieder in Ordnung.

Eines Tages erschien Fräulein Scherr, bei der ich zwei Jahre in der Klasse gewesen war – und ich war froh, wenn ich sie nicht mehr sehen musste! Th. und Scherr steckten die Köpfe zusammen und murmelten – man merkte, dass etwas ausgebrütet wurde. Irgendwann waren sie sich einig, und jetzt ging es los: Als ich meinen Namen hörte, traf mich bald der Schlag. Ich dachte, jetzt muss ich bestimmt zu der Scherren in die Klasse, aber da mache ich nicht mit, mit mir nicht! Ich fing schon im Stillen an, Pläne zu schmieden, doch dann hörte ich gleich mehrere Namen… oha, also ging es gar nicht nur um mich!

Th. eröffnete uns, dass wir sechs ab jetzt in die Adolf-Hitler-Schule gehen würden! Das war damals eine große Auszeichnung. In den Klassen wurden die „Geeignetsten" herausgesucht, die man dann im Geiste des Systems geschult hat. Ich aber wurde etwas laut und sagte zu Th.: „Mich können Sie gleich streichen, ich gehe nicht mit!" Mindestens fünf Sekunden lang war der Lehrer sprachlos. Ich wollte einfach nicht mehr von hier weg! Dann bestimmte Th. einen Jungen, der in meiner Nähe wohnte, und er sollte meine Mutter holen, damit sie ihre Einwilligung gibt... was sie auch tat. Auch drei Jungen wurden für die Adolf-Hitler-Schule vorgeschlagen. So war das, und Inge, meine Freundin, war begeistert, aus einem ganz praktischen Grund: „Das wird klasse, dann können wir immer zusammen mit der Straßenbahn hinfahren!"

Bevor ich zwei Monate später dann tatsächlich auf die Adolf-Hitler-Schule kam, ging vorerst der Unterricht bei Th. weiter seinen gewohnten Gang: Morgens besprachen wir den „Wehrmachtsbericht", also die Lage der Nation. Der meiste Unterricht bestand aus Politik. Wir redeten über die Bruttoregistertonnen, die jeden Tag versenkt wurden, wir sprachen über General Paulus, der heldenhaft gegen die Russen kämpfte. Allerdings weiß ich nicht mehr, ob wir noch bei Th. in der Klasse waren, als Paulus mit seiner sechsten Armee in sowjetische Gefangenschaft ging.

Th., der im breiten Pfälzer Dialekt redete, fragte gerne die Kinder, was denn der Vater oder Bruder von der Front so schrieben. Von mir wollte er einmal wissen, wo meine Brüder gerade kämpften. „Sie schreiben doch Feldpostbriefe, oder?" Ich sagte: „Ja, sie schreiben ab und zu Briefe. Aber sie schreiben doch nicht, wo sie genau sind! Das dürfen sie doch gar nicht, das könnte ja der Feind erfahren! Deshalb sind auf dem Absender nur Namen und Buchstaben, die wir nicht verstehen!" – „Ja! Genauso ist das, und es ist gut, dass du das hier sagst, das ist sehr gut!" Mit solchen Aussagen konnte man ihn in Stimmung bringen. Oder man erschien in Uniform. „Na, was hast du vor, weil du die Uniform schon anhast?" – „Gleich nach Schulschluss haben wir eine Zusammenkunft in der Goetheschule, da kann ich nicht erst nach Hause gehen, um mich umzuziehen!" – „Gut so!" Th. war wieder einmal stolz auf mich.

09. Mai 1945: Als bekannt wird, dass Lehrer Th. in Ludwigshafen am Bahnhof angekommen ist, hat man ihn sofort verhaftet. Das war eine Sensation! Als man schließlich hörte, dass er sich in seiner Gefängniszelle erhängt hat, hielt man zwei Minuten die Luft an. Und das Leben ging weiter. Dann sagte Vater zu mir: „Auf dem Rathaus haben sie eine Liste gefunden. Darauf stehen alle Namen von Personen, die demnächst ins KZ gekommen wären." Vaters Schwester, also meine Tante, war auch darunter.

Vom Leben im Luftschutzkeller –
wie ich den schwersten Angriff auf Oppau erlebte

Weil ich fast vollständig angezogen bin, kann ich gleich losrennen, als mich nachts um 3 Uhr der Vollalarm weckt. Es ist die Nacht vom 5. auf den 6. September 1943. Eine Tasche mit den wichtigsten persönlichen Sachen hat man immer dabei! Von meinen Eltern habe ich den Auftrag, bei Alarm mit dem bereitliegenden dicken Hammer mit aller Kraft auf den Holzboden an der Küchenwand zu schlagen, und zwar so lange, bis das alte, schwerhörige Ehepaar, das hinter der Mauer sein Bett stehen hat, wach wird! Heute werden sie aber nicht wach! Wenn wir Voralarm hätten, wären noch 15 Minuten Zeit bis Vollalarm... aber so? Mein Vater kommt mir zur Hilfe, und wir probieren es an der dicken Tür.

Auf einmal geht die Tür auf, und Herr Denzer sieht uns fragend an: „Haben Sie geklopft bei uns?" Wir haben ihm die Lage erklärt und halfen ihm, seine schwere, fast bewegungslose Frau in den Keller zu bugsieren. „Christbäume", so nannten wir die Leuchtmarkierungen, mit denen die Kampfpiloten die Ziele für ihre Bomben kennzeichneten, standen bereits am Himmel, Bombeneinschläge hörte man schon, aber von weit weg. Die Luft roch komisch.

Wenn man im Keller war, ging es manchmal trotz der drohenden Gefahr urkomisch zu. Ich erinnere mich, wie ich einmal mit meinem sechs Jahre jüngeren Bruder Manfred auf dem Hochbett saß. Wie wir so herunter schauten, sahen wir Herrn Denzer. Er hatte alte Arbeitsschuhe an, die mit Fett eingeschmiert waren – und die trug er auch noch verkehrt herum! Damals haben wir uns fast totgelacht!

Und auch diesmal gab es wieder eine Situation, über die ich berichten muss. Wir saßen also mit den Denzers im Luftschutzkeller und hörten die Bomben pfeifen. Da sagte auf einmal mein Bruder, sein Freund hätte ihm erzählt: Wenn man sie pfeifen hört, dann treffen sie nicht! Ich wollte gerade loslachen, da sagte Frau Denzer: „Eben ist ein Auto ums Eck gefahren." Da wollte ich gleich wieder lachen, aber dazu kam ich nicht mehr, denn, wie wir später feststellten, fiel ganz in der Nähe eine Luftmine.

Wir hatten viel Staub im Keller und mussten die Gasmasken anziehen, die so eklig rochen! Als die Flugzeuge endlich abgezogen waren, sahen wir das ganze Ausmaß dieser Verwüstung. Unser Nachbarhaus brannte lichterloh! Nun haben wir von unserem Dach aus mit Wasser und Sand gelöscht. Diese Materialien musste jeder Haushalt parat haben. Zwar war unser Haus zum Teil eine Ruine, die Seite stark beschädigt, aber man konnte noch auf dem Boden stehen und löschen. Auch sonst wurde ich als Jungmädel regelmäßig zum Löschen herangezogen.

Das Wasser holten wir übrigens aus dem Fischbassin, dabei wurden unsere Goldfische ausgerottet. Plötzlich hörten wir ein lautes Knallen. Die Glocken der beiden Oppauer Kirchen fielen nacheinander herab und zerbrachen in tausend Teile. Und Kühe rannten durch die Straßen!

Mein Vater hat sich bei dem Luftangriff, der der schwerste auf Oppau war, das Bein mit Phosphor verbrannt. Fast hätte man es ihm abnehmen müssen. Zum Glück reichte es, dass sie das Fleisch hinausschnitten. Die Mullbinde zogen sie ihm durch die Knochen. Aber sonst kamen wir ganz gut davon.

Als der Schutt einigermaßen entfernt war, „lebten" wir fortan geradezu im Keller. Zu dieser Zeit musste jedes Gebäude im Keller einen Luftschutzraum haben. Er war an der Hausfassade durch die Buchstaben „LSR" zu erkennen. Doch die netten, alten Denzers konnten nach diesem schweren Angriff nicht mehr in ihre Wohnung zurück. Sie waren ausgebombt – so sagte man zu den zerstörten Häusern.

Nachdem sie evakuiert wurden, lebte Frau Denzer noch einige Zeit bei ihren Verwandten. Mir wurde zugetragen, dass Herr Denzer später allein in einem Zimmer wohnte. Als eines Tages durch eine erneute Bombardierung Gas aus der Leitung austrat, hat er völlig die Orientierung verloren. Man fand ihn tot auf. Dabei stellte man fest, dass die Wände zerkratzt waren. Er hatte den Ausgang nicht mehr gefunden…

Nachtrag: Von dem Luftangriff am 5./6. September 1943 existieren Filmaufnahmen. Die Royal Air Force hat diese zur Ausbildung der britischen Bomberpiloten verwendet. Der Film wurde im Rhein-Neckar-Fernsehen ausgestrahlt und ist im Internet zu finden.

Meine Zeit im Lager –
Evakuierung mit der Kinderlandverschickung

Es war die Zeit der vielen Luftangriffe! Wasser und Strom gab es oft nur für wenige Stunden, und auch der Schulunterricht fand nur noch stundenweise statt. Lehrer gab es kaum, denn sie waren entweder an der Front, in Gefangenschaft oder tot. Und die Lehrerinnen waren meistens alt. Für uns Kinder stand wieder einmal die Kinderlandverschickung bevor. Evakuiert wurde klassenweise. Schon 1940/41 war ich mit meiner Klasse in Hochspeyer bei Kaiserslautern gewesen. Jetzt, 1943, kam meine Klasse mit einer Uraltlehrerin, Sauer, und einer mittelalten Lehrerin, Fräulein Wollenschneider, und drei „Führerinnen" zunächst ins KLV-Lager im Schloss Auningen im Elsass – ganz in der Nähe des Flugplatzes Frescati, wo mein Bruder Hugo zeitweise stationiert war. Das nächste Lager, in das wir gebracht wurden, befand sich in einer Jugendherberge in Merzig.

Kaum dort angekommen, war „Fahnenappell", und ich wurde „Mädel vom Dienst". Vor dem Frühstück wurde die Flagge gehisst, und ich musste Meldung machen! Das ging dann so: Alle positionieren sich um die Fahne, und ich als M.v.D. grüße die Fahne und die Scharführerin – und nach dem Durchzählen sage ich ihr: „Scharführerin, ich melde 36 Jungmädel zum Dienst angetreten!" Dann übernahm sie, und es gab einen Fahnenspruch. „Wegtreten! Ab!" Frühstück und Schule folgten, nachmittags stand immer Sport auf dem Plan. Die Beste war Liesel Wagner, die Zweitbeste war ich.

Alle Fenster wurden verdunkelt, das war mittlerweile in ganz Deutschland so, um sich „unsichtbar" zu machen, wenn feindliche Flugzeuge angreifen. Wir durften aus dem Lager an unsere Eltern schreiben, doch die Briefe mussten offen sein – denn die Führung las, was wir so schrieben! Man konnte nur das schreiben, was erlaubt war. Da gab es ein Propagandablatt, auf dem KLV-Kinder abgebildet waren, und es hieß darin, dass manches Kind bis zu acht Kilogramm zugenommen hätte. Ich habe dieses Blatt in meinem Brief mitgeschickt und dazugeschrieben: „Das dürft ihr nicht glauben! Ich kenne nur Kinder, die sehr viel abgenommen haben, und das Essen ist manchmal nicht gut. Rote Rüben kann ich inzwischen nicht mehr sehen. Sie werden im Kessel gekocht, und das ganze Haus stinkt danach, und die bekommen wir jeden Tag!"

Da wurde ich zur Führung bestellt, und ich hatte zunächst keine Ahnung, warum... „Du hast einen Brief an deine Eltern geschrieben – den wir so nicht abschicken können, weil fast alles nicht der Wahrheit entspricht!" – Nun ist es so, dass ich sehr wahrheitsliebend bin, und der Vorwurf, dass ich lüge, traf mich hart! Ich stand vor den Führerinnen und musste mich mit meinen 13 Jahren vor ihnen rechtfertigen. Ich erklärte: „Alles, was ich meinen Eltern geschrieben habe, ist die Wahrheit – und davon nehme ich nichts zurück!" – „Schade, dass du so reagierst. Den Brief vernichten wir." Er wurde vor meinen Augen zerrissen. „Und ab heute bist du auch nicht mehr Mädel vom Dienst!"

In unserer Unterkunft im KLV-Lager durfte wie bereits erwähnt kein Licht gemacht werden. Verdunkelung war oberste Pflicht. Deshalb hatte man, wenn man im Gang unterwegs war, z.B. zur Toilette, eine Kerze bei sich. Wir wohnten in dieser Jugendherberge zu je vier Mädchen in einem kleinen Zimmer mit Doppelbetten. Ich lag gerne oben. Es wurde viel gelacht, wenn wir uns gegenseitig Geschichten erzählten. Das machten wir ständig. Es sollte aber ganz ruhig sein! Als wir gerade wieder erzählten und lachten, da ging auf einmal die Tür auf – und eine Gestalt im weißen Nachthemd mit brennender Kerze mahnte zur Ruhe! Das Bild, das sich uns da bot, war einmalig! Fräulein Wollen-schneider, das Gespenst!

Erst haben wir geschrien, aber je verrückter sie sich aufführte, desto mehr haben wir gelacht! Schlimm war nur, ich konnte nicht mehr aufhören und ging vom Bett herunter – und Wollenschneider stand schimpfend vor mir. Wenn sie den Raum doch nur verlassen hätte, wäre bestimmt Ruhe eingekehrt, aber so? Ich lag inzwischen auf dem Boden, mir taten vom Lachen alle Rippen weh. Es war so schlimm, dass ich glaubte, ich sterbe jetzt!

Das Gespenst verließ das Zimmer – Gott sei Dank!

Das doppelte Lottchen – und eine Zeit ohne Schule

Weihnachten 1943 – wir können für eine Woche nach Hause. Endlich mal raus aus dem Lager! Ich musste nach Mundenheim ins St.-Anna-Stift und wurde am Blinddarm operiert. In der Zwischenzeit fielen etliche Bomben aufs Krankenhaus, und jedes Mal wurden wir Kinder von Wehrmachtsangehörigen in den Keller getragen!

Ich hörte, wie jemand sagte: „Eben wacht sie auf!" Die Augen machte ich ganz vorsichtig auf, um sie sofort wieder zu schließen, denn was oder wen ich sah, war Frau Sauer vom KLV-Lager – und die wollte ich schon gar nicht sehen! Ich kam nämlich nicht gut mit ihr aus. Die Frau Sauer redete auf mich ein und sagte schließlich: „Du meinst jetzt, ich bin deine Lehrerin, aber das stimmt nicht!" Und dann erklärte sie mir, wie alles war: „Frau Sauer ist meine Zwillingsschwester, und ich bin an diesem Krankenhaus Ärztin. Also: doppeltes Lottchen!" Dann hatte sie mir noch etwas mitzuteilen: „Ich habe Bücher für dich, und ich soll dir Grüße von meiner Schwester ausrichten. Aber ins Lager kannst du nicht mehr zurück, denn es wurde aufgelöst!"

Da stellte sich die Frage: Wo gehe ich jetzt zur Schule? Es gab nur Volksschulen, drei, vier Klassen. Berufsschulen bestanden auch noch – und da ging ich jetzt einfach hin! Dort in Friesenheim wollten sie mich aber nicht, weil meine bisherige Schule nicht zu dieser Berufsschule passte. Ein paar Mal ließ man mich trotzdem am Unterricht teilnehmen.

Wir lernten allerdings nicht viel. Nach Mannheim hätte ich vielleicht auch gehen können, manche machten das so. Eine Bekannte von mir ist dort monatelang in eine Schule – „Schwarz" – gegangen, die wir nur „das Rettungsschiff" nannten. Allerdings war es ziemlich ungünstig, eine Schule in Mannheim zu besuchen, denn es gab ständig Bombenangriffe. Dadurch wusste man oft gar nicht, ob man am nächsten Morgen zurück über die Rheinbrücke nach Ludwigshafen kommen würde – oder ob es überhaupt Strom gab. Wenn nicht, dann fuhr nämlich keine Straßenbahn mehr!

So kam es, dass ich eine Zeitlang gar nicht zur Schule ging – richtig Unterricht gab es erst wieder nach dem Krieg. Für mich war das schlimm, denn ich wollte etwas lernen!

Die spontane Abreise oder: Hör' auf dein Gefühl!

Meine Blinddarm-Operation hatte ich gut überstanden, inzwischen war das Jahr 1944 gekommen. Wegen der vielen Luftangriffe waren meine Mutter, mein jüngerer Bruder und ich mittlerweile in ein Dorf umgezogen. Wie das Dorf hieß und wie das genau zustande kam, weiß ich nicht mehr. Es kann sein, dass dieser Ort Gries hieß, aber diesen Ortsnamen gibt es mehrfach. Ich weiß nur, dass wir höchstens acht Tage dort geblieben sind. Und das kam so:

Als erstes muss ich sagen: Es war ein toller Bauernhof! Mein Bruder war aus den Ställen kaum noch herauszukriegen! Es gab Schweine, Kühe, aber er tobte die meiste Zeit mit dem Hund herum! Es waren alles anständige Leute! Der Bauer und Ortsvorsteher meinte, ich werde bestimmt seine Sekretärin! Auf dem Hof befanden sich auch „Fremdarbeiter": Polen, Franzosen und andere Kriegsgefangene. In der Küche stand ein Tisch, der so groß war, wie ich noch keinen gesehen hatte!

Vor allem aber gab es wunderbares Essen, und das mitten im Krieg! Was ich ganz außergewöhnlich fand, war, dass alle – auch die Ausländer – mit uns am Tisch gesessen und wir gemeinsam gegessen haben! Ich kannte es nämlich so, dass wir mit Ausländern nicht reden durften, das war streng verboten. Aber hier störte es niemanden! Mein ältester Bruder Hugo war zu dieser Zeit in Griechenland stationiert, von wo er ab und zu ungerösteten Kaffee an uns schickte. Einen Teil davon hat meine Mutter den Bauern mitgebracht.

Am vierten Tag – und wenn ich zurückdenke, war es eigentlich schon früher – fühlte ich mich nicht wohl, wusste aber nicht, wieso! Ich schlich um meine Mutter herum und konnte ihr nicht sagen, was ich ihr eigentlich mitteilen wollte. Sie fragte: „Was ist denn los?" Da fasste ich mir ein Herz und sagte: „Mamme, wir müsse' hier fort!" Sie war sprachlos… „Das geht nicht! Und warum sollen wir fortgehen? Wir haben hier doch alles! Keine Flieger, gutes Essen, nette Menschen…" Da kam mein Bruder dazwischen: „Ich will do bleibe', ich bleib' do!" Ich energisch: „Wir müsse' fort, am besten gleich!"

Auch die nächsten Tage belagerte ich sie weiter: „Mamme, Mamme, wir müsse' gehe', sag' des der Frau, dass wir gehe' müsse'!" Ich habe noch gehört, wie meine Mutter dann tatsächlich in der Küche mit der Bauersfrau sprach: „So kenne ich meine Tochter gar nicht, sie macht mich verrückt! Es tut mir leid, aber wir werden morgen früh gehen!"

So kam es dann. Es hat fürchterlich geregnet, und man wollte, dass wir zumindest noch solange bleiben, bis dieser Regen vorüber war. Nein, nein, wir gehen! Bei strömendem Regen liefen wir also zum Bahnhof und wurden allesamt klatschnass. Als wir zuhause in Oppau ankamen, hatte ich vor allem eines: ziemliche Angst, meinem Vater wieder unter die Augen zu kommen!

Ich hörte meine Mutter, wie sie ihm alles erzählte: „Was ich mit der mitgemacht habe, das kannst du dir gar nicht vorstellen!" Im Keller hatten wir ein Doppelbett. Darauf legte ich mich jetzt, ganz nach oben, und ging nicht mehr herunter, zu groß war meine Angst, dass mein Vater mich „rumkloppen" würde. Am nächsten Morgen stand die Kellertür bereits offen. Also war mein Vater schon aus dem Keller gegangen und hatte die Lage gepeilt. Mir schwante nichts Gutes…

Da kam meine Mutter zu ihm, und ich hörte, was gesprochen wurde. Vater: „Stell dir vor, bei dem Fliegerangriff heute Nacht wurde euer Dorf, wo ihr ward, fast komplett zerstört!" Ich erinnere mich nicht mehr an alle Einzelheiten, aber gehört habe ich: „Und das große Bauernhaus auch! Wenn unsere Tochter nicht so hartnäckig gewesen wäre, würde unser Leben jetzt anders aussehen!"

Ich drehte mich zur Seite und schlief stundenlang.

Und plötzlich bin ich Schaftsführerin!

An dieser Stelle muss ich kurz von Thea erzählen. Es war Mitte 1944, und wir waren mal wieder im Bunker.

Man muss wissen: In Oppau gab es zwei Bunker, einer davon war der „Postbunker". Man nannte ihn so, weil er direkt neben der Post lag. Ich war darin allerdings nie. Es gab Menschen, die hatten im Postbunker quasi ihren Stammplatz reserviert. Man kam daher nicht so einfach hinein. Der Bunkerwart hatte das Sagen! Und so gab es auch Menschen, die an diesem Bunker abgewiesen wurden – und dann beim Bombenangriff umkamen! Da kenne ich schlimme Geschichten! Ein Sohn von Ernst Löb, dem Tabakwarenhändler jüdischer Abstammung, ist auf diese Weise ums Leben gekommen, zusammen mit zwei Freunden. Ich ging also immer in den anderen Oppauer Bunker, der von unserem Haus schneller zu erreichen war. Aufgrund seiner Lage in der Maxstraße nannte man ihn auch den Max-Bunker. Neben diesem Bunker befand sich das Milchgeschäft Hellmayer, bei dem ich regelmäßig mit meiner Lebensmittelkarte Milch holte.

Es gab an diesem Tag noch keine Entwarnung, und so lief ich in dem großen Bunker umher und hielt Ausschau nach Bekannten. Weit und breit kein Mensch…

Doch dann sah ich Thea, hübsch, in Uniform mit der grün-weißen Schnur, also war sie Gruppenführerin.

Das habe ich gleich erkannt. So etwas hatten wir in der Schule gelernt! Auch ich hatte meine Uniform an, und so habe ich sie vorschriftsmäßig gegrüßt.

Sie grüßte zurück und sprach mich an. Und wie das so geht, trafen wir uns ab dann täglich im Bunker. Wir hatten uns viel zu erzählen, und mit der Zeit freundeten wir uns an. Über ihre Familie weiß ich nicht viel, aber ich hatte den Eindruck, dass es Probleme bei ihren Angehörigen gab. Vielleicht hatte es mit der politischen Einstellung zu tun.

Dass ich stellvertretende Schaftsführerin war, habe ich Thea gleich erzählt. Doch das gefiel ihr nicht. Sie wollte nämlich nicht, dass ich „nur" Stellvertreterin bin! Also hat sie mich direkt zur Schaftsführerin erkoren – und die rot-weiße Schnur an meiner Uniform befestigt! Ich war verdutzt. Auf meine Frage, ob sie dazu befugt sei, sagte sie: „Ich darf das!"

Nach Kriegsende hat man sich aus den Augen verloren, wie das damals oft passierte. Aber später, viel später, war ich eines Tages mit Freunden beim „Steiner Attel" in der Wirtschaft. Und dann sah ich sie plötzlich: Hinter der Theke stand sie... Thea! Ich habe sie gegrüßt.

Doch was ich bis heute nicht verstehe: Sie hat mich nicht angesehen.

„Das sind doch auch Menschen!" – Tumult im Max-Bunker

1944 – der Krieg war inzwischen voll bei uns. Wenn man schlafen ging, zog man sich nicht ganz aus. Bei Alarm musste es nämlich schnell gehen. In der Theorie war es so, dass es erst Voralarm gibt, bevor der Vollalarm kommt. Oft entfiel jedoch der Voralarm, und es ging direkt los! Wenn man nicht schnell genug war, um bis zum Bunker zu kommen, lief man in den Luftschutzkeller. Es ist vorge-kommen, dass alle schon unterwegs zum Bunker waren – und ich stand noch vor dem Spiegel, um die Rollen von meinen Haaren abzunehmen! Darüber hat sich meine Tante jedes Mal aufgeregt. Es war aber auch leichtsinnig von mir. Die meisten Bomben-abwürfe erlebten wir jedenfalls im Keller. Manchmal kam man tagelang aus dem Keller gar nicht mehr heraus, so häufig heulten die Sirenen.

An eine Nacht erinnere ich mich gerade jetzt. Meine Familie war schon im Max-Bunker. Nachts um 3 Uhr schloss ich noch gemütlich das Hoftor zu und ging ebenfalls Richtung Bunker. Und wen treffe ich? Herrn Ott, unseren Nachbarn. Jetzt sahen wir am Himmel die „Christbäume", also die Leuchtmarkie-rungen, die die feindlichen Flugzeuge für ihre Bombenziele setzten. Also gingen wir etwas schneller. Und es war bitterkalt! Da sagte Herr Ott: „Warme Füß' hab' ich keine – aber kalte Händ'!" Ich habe gelacht und gelacht, und ich konnte nicht mehr aufhören. Weil ich so lachte, musste Herr Ott schließlich auch lachen. Ich muss auch jetzt schon wieder lachen, wenn ich daran zurückdenke. Bis wir endlich ankamen, da ist mir allerdings das Lachen vergangen... Der Bunker war nur zur Hälfte fertig gebaut, stabil, mit drei Meter dicken Wänden, die Abschlussdecke fehlte, und links und rechts gab es noch keine Treppen, stattdessen befanden sich dort Rampen. Der Bunker wurde von der Organisation Todt errichtet, die für die Nationalsozialisten überall in Deutschland gebaut hat. Die Arbeiten am Oppauer Bunker wurden jedoch sabotiert, und diejenigen, die man dafür verantwortlich machte, wurden hingerichtet...

Jedenfalls wollte ich gerade in den Bunker hineingehen. Die Rampen waren voll von Menschen, die sich in das Gebäude drückten. Es ging ziemlich langsam voran. Und es waren fast nur Frauen – Zwangsarbeiterinnen aus der Ukraine. Also habe ich mich den Frauen angeschlossen, und wir drängten vorwärts, die Treppen hinauf. Da stand auf einmal der Herr K. in SA-Uniform – und er schubste die Frauen gegen die Wand, und was er brüllte, das habe ich nicht verstanden. Ich sah noch, wie er eine Schwangere gegen die Wand schleuderte. Ich bekam eine Riesenwut und schrie: „Lassen Sie die Frauen in Ruhe! Das sind schließlich auch Menschen!"

Da wurde der Herr K. auf einmal ganz ruhig und zeigte mit dem Finger auf mich: „Dich zeige ich da unten an!"

Da unten… ich wusste sofort, was er meinte! Unten, sobald man in den Bunker hinein kam, befand sich gleich rechts eine Tür, die immer geschlossen war. Dort war die Zentrale. Man sagte, dass sich darin die „Bonzen" aufhielten. Es wird mir kein Mensch glauben, aber jetzt hatte ich tatsächlich Angst! Ich drehte mich also um und lief den Weg zurück, den ich gerade gekommen war. Ich dachte mir: Bevor Herr K. mich anzeigen kann, zeige ich ihn an, und das mache ich sofort! Das war nicht so gut überlegt – überlegt habe ich erst später, wie so oft in meinem Leben. Es war doch so: Egal, welche Uniform jemand trug, ob braun oder schwarz oder grau – das war alles derselbe Verein! Alles überzeugte Nationalsozialisten! Ich stand vor der Tür, und das Schicksal konnte seinen Lauf nehmen. Zwei Schläge von mir gegen die stabile Tür, und wer öffnete sie? Es war Herr Th., mein Lehrer!

Er hatte die braune Uniform an, und ich sah in dem Raum auch sonst nur braune Uniformen – und in der Luft lag Zigarettenrauch. Wir waren beide überrascht, dass wir uns hier trafen. Aber ich war froh, dass Herr Th. an der Tür war. „Na, zu wem willst du denn?" – „Ich will nur zu Ihnen, um Ihnen etwas zu erzählen… das kann ich nur Ihnen sagen…" Wenn ich jetzt nach über siebzig Jahren zurückdenke, war das damals sehr gewagt. Ich war zwar noch ein Kind, aber über die politische Lage wusste man in diesem Alter schon Bescheid. Und man wusste auch, dass Th. ein gefürchteter Mann in unserer gesamten Gegend war. Aber ich hatte keine Angst vor ihm. Wieso das so war, weiß ich nicht. Er war wie eine Vertrauens-person für mich, und ich war ja einer seiner Lieblinge in der Klasse.

„Erzähle mal, was passiert ist!" Man muss jetzt bedenken, dass ich gerade dabei war, einen Partei-genossen bei ihm anzuschwärzen. „Also, das war so..." – und ich erzählte die Geschichte, bis Herr K. ins Spiel kam. „Also der Herr K. stand großartig neben der breiten Treppe, und ich sah schon von weitem, wie er die Frauen herumgestoßen hat und dabei ‚schneller, schneller' rief. Viele der auslän-dischen Frauen haben geweint. Irgendwann stand ich vor dem K. und habe zu ihm gesagt: ‚Das ist ja allerhand, wie Sie die Frauen behandeln, das sind doch auch Menschen!'" In dem Moment fiel mir kochend heiß ein, dass gerade Herr Th. es war, der uns Schülern beigebracht hatte, Russen seien keine Menschen, sondern Untermenschen! Nun konnte ich aber nicht mehr zurück, und ich redete eben so, wie ich reden wollte. Th., der groß war, beugte sich zu mir herunter und hörte sich alles an.

„Es ist doch so", sagte ich, und dabei sah ich ihm in die Augen, „es sind doch Menschen wie wir auch. Das stimmt doch, deshalb habe ich gegen Ihre Tür geklopft, in der Hoffnung, dass ich mit Ihnen sprechen kann. So darf sich der K. nicht verhalten!" Wenn jetzt jemand glaubt, dass ich mich in dieser Situation in meiner Haut wohlfühlte, der irrt sich! Doch Herr Th. war sehr freundlich, er legte mir die Hand auf die Schulter und sagte: „So war das richtig, dass du zu mir gekommen bist. Und das mit dem K., da mache dir mal keine Gedanken, das kläre ich! Und in Zukunft, egal, was es ist, du kommst zu mir, und du erzählst mir alles! Ja?" – „Ja, das mache ich! Heil Hitler!"

Fünfzehn Jahre später: Inzwischen habe ich mir ein Café in Oppau gebaut. Wie immer ist das Café West gut besucht. Da tritt ein Mann herein… Er sieht völlig unscheinbar aus, nichtssagend und nicht sonderlich gepflegt… Als ich ihn mir näher betrachte, da trifft mich fast der Schlag: Es ist… Herr K.! Ich brauche nicht lange zu überlegen. Das einzige, was ich rufe, ist: „Raus!"

Das Flugzeug im Acker

Oppau, 1944. Alle Menschen waren im Bunker oder auch im Keller. Kein Mensch stand auf der Straße! Über drei Stunden ging das nun schon so! Es war nachmittags. Diesmal fielen bei uns keine Bomben, und mir war furchtbar langweilig. Wie ich das schon öfters gemacht habe, verließ ich den Max-Bunker und lief in Richtung unseres Hauses! Unser Haus war ein Eckhaus. Ich stellte mich direkt ans Eck – und weit und breit kein Mensch. Wenn meine Eltern geahnt hätten, dass ich nicht mehr im Bunker war, die wären verrückt geworden! Ich stehe also am Eck Bismarck-straße/Beethovenstraße, alles ganz ruhig – und plötzlich Geräusche!

Ein Flugzeug! Ein einzelnes Flugzeug... das gibt es doch nicht! Man konnte am Geräusch immer fest-stellen, was für ein Typ da unterwegs war. Toll war, das Flugzeug flog relativ niedrig – und kam genau unsere Straße, die Beethovenstraße, entlang, mir entgegen! Ich habe mich nicht versteckt, ich stand noch immer da, und ich dachte, das ist eine englische Maschine. Sie flog ziemlich langsam. Es ist anzuneh-men, dass sie beschädigt war. Als sie immer tiefer kam, fing ich direkt an zu rennen, und ich kann von mir sagen: Ich konnte rennen! Ich habe jedes Jahr das Sportabzeichen in Silber geholt, war bei den Turnern und habe später auch Handball gespielt.

Also, ich renne, dem Flieger nach! Und da sehe ich, wie er leicht nach links von der Beethovenstraße abdreht – und schließlich über freiem Feld herunterkommt, etwa in Höhe der Wohnhäuser, die wir die „blauen Blöcke" nannten.

Ich renne also weiter geradeaus... Rechts von mir, noch vor den „blauen Blöcken", stehen ein paar Häuser, dann springe ich die knapp einen Meter hohe Böschung hinab, und links von mir ist nun alles freies Feld... und genau da ist das Flugzeug abgestürzt! Es hat nicht gebrannt. Ich lief bis auf eine Entfernung von drei Metern auf die Maschine zu und wunderte mich, dass sie so klein war. Zwei junge Männer, braune Haut, hatten wunderschöne Armbanduhren an, saßen außerhalb vom Flugzeug, angeschnallt in ihren Sitzen, und man hätte fast glauben können, dass sie leben. Aber sie waren tot.

Nachdem ich alles eingehend begutachtet hatte, ging ich zurück in den Bunker, zumal sich jetzt auch einige Leute der Absturzstelle näherten. Im Bunker erzählte ich die Geschichte meinem Vater. Der hat getobt, schließlich hätte das Flugzeug explodieren können! Auch erklärte ich ihm, dass die Maschine anders aussah als die uns bekannten Flugzeugtypen. Er meinte, dass es Kanadier waren! Bis dahin wusste ich gar nicht, dass wir auch mit Kanada Krieg führten!

Vierzig Jahre später hat mir ein Verwandter erzählt, dass 1944 in dem besagten Gebiet ein Flugzeug abgestürzt sei. Nun wurde gegraben – und das Flugzeug gefunden! Ich habe nichts davon gesagt, dass ich als erster Mensch damals an der Absturzstelle war. Ich hatte das Gefühl, dass man mir das nicht mehr glauben würde... damals soll ein

Mädchen von 14 Jahren alleine an der Unfallstelle gewesen sein, und fast alle anderen Menschen saßen im Bunker – es klingt nicht glaubhaft.

Nach so vielen Jahren kann ich mir immer noch nicht vorstellen, dass das Flugzeug, das ich damals gesehen habe, ausgegraben wurde. Wie soll das gehen? Schließlich lag es auf einem Acker!

Der Verwandte muss ein anderes Flugzeug gemeint haben. Heute ist bekannt, dass am 12. September 1944 um 22:40 Uhr in der Nähe des Güterbahnhofs, 200 Meter westlich der Edigheimer Straße, eine größere Maschine abgestürzt ist. Es war eine australische Lancaster vom Typ LM 110 mit vier Motoren. Das Flugzeug, das ich gesehen habe, war aber viel kleiner.

Was mich immer noch interessieren würde: Was ist eigentlich aus den beiden Piloten geworden?!

Nachtrag: Anfang Januar 2021 meldete sich ein Heimatforscher. Zwei Zeitzeugen haben die Angaben der Großmutter bestätigt – zwei Wochen nach ihrem Tod. Das Gebiet ist inzwischen überbaut.

Die versteckten Russen

Es war ein ruhiger Tag im Jahr 1944, kein Flieger-
gebrumm, keine Schießerei. Ich gehe mal aus dem
Keller, um die Lage zu peilen, und was sehe ich?!
Mein Vater kommt mit zwei Russen die Straße
entlang – und ich kann es nicht fassen! Es müssen
Zwangsarbeiter gewesen sein, die damals an den
Straßen arbeiteten. Gleich unterrichte ich meine
Mutter von dieser „Ungeheuerlichkeit". Wir durften
doch keinen Kontakt mit Gefangenen haben!

Man muss wissen, dass sich mein Vater bis 1933 in
der SPD engagiert hat, ab dann hat er sich mit
politischen Äußerungen allerdings arg zurück-
gehalten. Er hatte mitbekommen, wie ein
Verwandter, ebenfalls Sozialdemokrat, um 5 Uhr
morgens abgeholt wurde. Man hat ihn so zusammengeschlagen, dass er sich später immer wieder stumm
vor den Spiegel stellte. Ein anderes Mal hatte ein
Bekannter meines Vaters an der Tür geklingelt und
ihm berichtet, dass er im KZ war – und dass er
unterschreiben musste, nie darüber zu reden! Ich
habe das mitgehört. Von meinem Vater weiß ich, dass
dieser Mann später wieder abgeholt wurde und ins
KZ kam. Man hat nichts mehr von ihm gehört…

Ebenfalls ein schweres Schicksal traf die bereits
erwähnte Familie Löb in Oppau. Ernst Löb war
Teilnehmer am Ersten Weltkrieg, jüdischer
Abstammung, zum evangelischen Glauben überge-
treten und betrieb ein Tabakwarengeschäft. Er war
zwischenzeitlich im KZ Dachau und konnte später

glücklicherweise untertauchen. Auf seine Frau wurde Druck ausgeübt, sie solle sich scheiden lassen, was sie jedoch nicht tat. Löb starb 1954.

Zurück zu den Russen: Als ich bei meiner Mutter ankam und ihr von den zwei Russen berichtete, da sagte sie zu mir: „Um 12 Uhr kommt dein Vater mit den Männern, und die essen dann mit uns. Es sind Vater und Sohn, die in der Ukraine gefangen genommen wurden, als sie aus dem Kino kamen." Und so war es dann. Viel zu essen hatten wir nicht, aber meine Mutter hat alles zusammengekratzt, was sie hatte: eine Suppe, Kartoffeln und Gemüse – von Fleisch keine Spur! Geredet wurde nicht.

Mutter sagte zu mir später: „Vielleicht gibt deinen Brüdern auch mal jemand eine warme Suppe." Meine Brüder Philipp und Hugo kämpften gerade an der „Ostfront"…

Damals habe ich meine Eltern bewundert. Was sie getan haben, war streng verboten! In den nächsten Tagen habe ich richtiggehend darauf gewartet, dass bei uns im Haus Männer mit Uniform und Hakenkreuz erschienen. Geäußert habe ich meine Befürchtung aber nicht… Vielleicht dachte meine Mutter genauso. Wir haben nie darüber gesprochen.

Mr. Chic und die ersten „Amis"

März 1945. Zwei Tage lang flatterten Flugblätter auf alle Straßen und Plätze in Oppau. Sie aufzuheben und zu lesen, war streng verboten. Das wurde über Lautsprecher bekanntgegeben. Von den Nationalsozialisten wiederum wurden Flugblätter in einer anderen Farbe ausgegeben. Sie sollten darauf hinweisen, dass die Propaganda des „Feindes" nicht gelesen werden darf. Gehalten haben wir uns daran aber nicht!

Auf den Flugblättern der Amerikaner stand: Die Bevölkerung soll die Wohngebiete in Ludwigshafen, Friesenheim, Mundenheim, Oggersheim, Oppau, usw. verlassen, weil alles dem Erdboden gleichgemacht wird! Weil wir den Amerikanern mehr geglaubt haben als unserer eigenen Regierung, packten meine Mutter und ich unsere Siebensachen zusammen, nahmen den vierrädrigen Wagen, setzten meinen damals neunjährigen Bruder hinein und zogen auf der Landstraße Richtung Frankenthal. Die Straßen waren total verstopft. Es hieß: Rette sich, wer kann!

Unser Ziel war Eppstein, dieses Dorf ist der Heimatort meiner Mutter. Tante Luise hat uns aufgenommen, und wir hofften, dass wir schon bald wieder nach Oppau zurückkehren könnten. Vater war ja noch in der „Ruine" unseres Hauses, als wir loszogen. Alle alten Männer mussten sich zum Volkssturm melden. Vater sagte, dass er da nicht mitmacht – und hat sich versteckt! Wo, das weiß ich nicht, und so etwas konnte „ins Auge gehen", wenn es aufflog!

Nachdem wir zwei Tage bei Luise in Eppstein waren, erfuhren wir durch Mundpropaganda, dass unsere schöne Rheinbrücke gerade gesprengt wurde und dass es trotz der Ankündigung der Amerikaner nun doch keine weiteren Bombardements auf Ludwigshafen mehr gab. Also drehten wir unseren Wagen herum, setzten meinen Bruder wieder hinein und gingen auf Feldwegen zurück in Richtung Oppau. Die Strecke, die wir entlang liefen, kannten wir gut – aber jetzt sah vieles ganz anders aus. Da lagen zwei Panzer und Handgranaten, Militärkleidung, Decken und auch Sachen, die wir nicht kannten. Es war bei Strafe verboten, etwas mitzunehmen! Und so kamen wir wieder in die Nähe von Oppau.

Von weitem sahen wir die ersten Häuser, und auf einmal sagte meine Mutter: „Da sind ja Soldaten!" Als wir näher kamen, stellte ich fest: „Das sind aber keine Deutschen!" Wir blieben in einem großen Abstand zu ihnen stehen – schließlich herrschte immer noch Krieg, und unsere „Feinde" hatten wir ja noch nie persönlich gesehen! Also sagte ich: „Es sind Amerikaner oder Engländer. Was machen wir jetzt?!" Umdrehen ging nicht mehr!

Es waren ganz junge Amerikaner, insgesamt sechs Mann. Zwei saßen auf der Fensterbrüstung, und die anderen lümmelten mit Zigaretten im Mund herum, und jeder trug eine Maschinenpistole bei sich. Langsam schlenderten sie uns entgegen – und fingen zu reden an! Ich habe kein Wort verstanden! Meine Mutter sagte zu mir: „Rede doch mal was, du hast doch Englisch gelernt!" Das war typisch meine Mutter. Die Frau hat wirklich geglaubt, ich könnte Englisch, nur weil wir einmal in der Woche in Englisch unterrichtet wurden – und zwar von einem Engländer, einem gewissen Mister Chic! Aber als ich die Amerikaner so reden hörte, kam ich schnell zu dem Schluss, dass das, was uns Mr. Chic beigebracht hat, alles andere war, nur kein Englisch! Sonst hätte ich doch irgend etwas verstanden! Für mich war Mr. Chic ab sofort ein Spion oder Agent, der uns absichtlich alles falsch beigebracht hat!

Also blieb mir nichts anderes übrig, als so Englisch zu reden, wie ich es eben gelernt hatte! Heute weiß ich, dass es reines „Oxford-Englisch" war, das Mr. Chic uns beibrachte. Ich holte tief Luft und begann wie folgt: „We are living in the next street!" Weiter kam ich erst mal nicht. Das war eine Sensation – die zwei „Fenstersitzer" sprangen herunter, und nun standen sie alle vor mir und haben gelacht, gelacht, gelacht! Ich hätte gerne mitgelacht, und ich lache wirklich gern – aber ich hatte in dem Moment eine Stinkwut auf Mr. Chic! Jetzt redeten alle durcheinander. Von meiner Mutter hörte man nichts. Mein Bruder bekam ein Kaugummi geschenkt und machte sich in seinem Wagen so klein wie möglich.

Einer der Amerikaner war der Anführer und hat mit Handzeichen angedeutet, dass er jetzt mit mir sprechen will. Die anderen sollten mal ruhig sein.

Und plötzlich konnte ich Etliches verstehen, was er sagte! Er fragte, wo ich dieses Englisch gelernt hätte. Wahrheitsgemäß antwortete ich, dass ich das bei Mr. Chic gelernt hätte, „in the school". Jetzt nahm das Lachen überhaupt kein Ende mehr. Sie fanden meine Aussprache wohl wirklich höchst amüsant. Es dauerte nicht lange, und dann lachten wir alle!

Wenn diese Jungs überlebt haben, dann können sie ihren Nachkommen erzählen, dass sie mitten im Krieg von Lachanfällen geschüttelt wurden!

Die weiße Fahne – der Mann auf dem Bunker

So kamen die „Amis" also in unser Land. Unsere Familie lebte im Keller, Kämpfe gab es zu dieser Zeit in Ludwigshafen und bei uns in Oppau nicht. Vor dem Max-Bunker, mitten auf der Kreuzung, stand eines Tages, am 21. März 1945, ganz in Ruhe ein amerikanischer Panzer. Die Besatzung stieg nicht aus. Nur ein einzelner Ami war darin zu sehen. Mit einer riesigen „Kanone" suchte er die gesamte Gegend ab. Wir waren ungefähr acht Kinder im Alter von 13 bis 15 Jahren, zwei Erwachsene standen auch dabei. Wir Kinder umringten diesen Panzer und sahen immer dorthin, worauf die Kanone gerichtet war.

Dann hat der Soldat einen Punkt anvisiert, und auch wir blickten dorthin. Oben auf dem Bunker sahen wir einen Mann, der gerade dabei war, eine weiße Fahne hochzuziehen. Alle Blicke richteten sich jetzt auf ihn. Auf einmal fiel ein Schuss! Er wurde aus der Wilhelmstraße abgefeuert. Der Schütze muss wohl auf einem Dach gestanden haben. Wir alle sahen, wie der Mann auf dem Bunker zusammensackte und liegen blieb. Wie dieser Mann hieß, wusste ich lange Zeit nicht. Es war Emil Fick, ein Sozialdemokrat. Wer ihn aber erschossen hat, ist bis heute nicht geklärt!

Der Fahrer des Panzers verschloss die Klappe und fuhr rückwärts. Es herrschte ziemlicher Tumult. Was dann geschah, habe ich nicht mehr mitbekommen, denn ich lief schnurstracks in den Bunker! Und in diesem Moment kam mir wieder die Erkenntnis, dass wir nach wie vor Krieg hatten!

Richtung Friesenheim sah man später noch Panzer liegen, die von Hitlerjungen mit der Panzerfaust abgeschossen worden waren.

Die Hitlerjungen waren zehn Jahre alt.

„Genießt den Krieg, der Frieden wird furchtbar!"

8. Mai 1945 – der Krieg ist aus! Endlich. Was nun? Im Krieg ging bei den Soldaten so ein Spruch um, den wir oft gehört und manches Mal auch selbst angebracht haben: „Genießt den Krieg, der Frieden wird furchtbar!" Jetzt hatten wir jedenfalls Frieden – doch von nun an konnte ich jeden Morgen nur noch an eines denken: „Was essen wir heute?!" Der Hunger plagte uns nämlich ab sofort viel mehr als in der Kriegszeit!

Ich war vierzehn, und alle meine Überlegungen galten notgedrungen der Lebensmittelbeschaffung. Meinen kleinen Bruder, neun Jahre alt, habe ich in meine Pläne oft miteinbezogen. Eines Tages gingen wir in die leere Flakstellung, die sich nahe an unserem Wohnhaus in Oppau befand. Im Krieg hatte man von hier aus versucht, die feindlichen Flugzeuge abzuschießen – auch hat man künstlichen Nebel erzeugt, um den Ort vor den Angriffen zu schützen.

Mein Bruder und ich sahen uns in der verlassenen Flakstellung um. Natürlich fanden wir nichts zum essen – aber dafür etwas ganz anderes: einen Raum, komplett gefüllt mit grauen Militärdecken! Spontan entwickelte ich einen Plan, den ich aber nur zusammen mit meinem Vater durchführen konnte. Man muss dazu wissen, dass Stehlen streng verboten war! Aber wir taten es: In dunkler Nacht holten wir still und leise einen großen Teil dieser Decken aus dem Gebäude und verbrachten sie in unseren Keller!

Da hatte ich eine tolle Idee, die ich gleich meiner Mutter mitteilte: „Wenn ich zu den Bauern komme, fragen sie mich jedes Mal, ob ich Putzlappen hätte. Ja, wenn ich denn nur Putzlappen hätte..." Und so schnitten wir aus jeder Militärdecke acht Putzlappen. Diese wurden mit alter Wolle umstickt – und wir hatten auf diese Weise auf einmal wunderbares Tauschmaterial! Für einen Lappen bekamen wir beim Bauern zehn Pfund Weizen. Ich hatte ganz schön zu schleppen, und ich war täglich unterwegs...

Eigentlich hing die ganze Lebensmittelbeschaffung an mir, denn Vater musste arbeiten, Mutter war schwer nierenkrank, ein Bruder zu jung und die beiden anderen Brüder in Gefangenschaft oder tot – das wussten wir damals noch nicht.

Hitler war für mich so gut wie vergessen. Aber wie das so ist, wenn ich in ein Geschäft kam, zum Beispiel in die Post, dann sagte ich laut und deutlich: „Heil Hitler!" Man hatte das immer noch verinnerlicht. Aber auch das ging vorbei!

Mit den zugeteilten Fleischmarken konnte man die doppelte Menge Fleisch oder Wurst bekommen, wenn man Pferdefleisch nahm. So lief ich zur Pferdemetzgerei, die es damals im Hemshof gab. Schon ab vier Uhr morgens saßen die Menschen auf dem Hocker und warteten bis 9 Uhr, wenn der Laden öffnete. Bereits zwei Stunden später schloss er aber wieder, denn es war kein Fleisch mehr vorhanden.

Ich war nur dieses eine Mal dort, habe Fleisch und Hartwurst mit nach Hause gebracht – und dann habe ich meinen Eltern verkündet: „Da gehe ich nicht mehr hin!"

Warum? In der Warteschlange hatte ich zugehört, wie erzählt wurde, wie jämmerlich die Pferde im Kriegsgeschehen verreckt sind... Auch für meine Eltern war das Kapitel Pferdefleisch damit erledigt.

Ein Nahrungsmittel der ganz „besonderen" Art nannte sich „Tip Top". Das gab es 1945 auf einmal in allen Geschäften zu kaufen. „Es sieht aus wie Vanille-Pudding und ist leicht wie Luft", sagten die Leute. Immer wieder haben wir es besorgt, so hatten wir eine Schüssel voll mit gelbem „Irgendwas". Und das schmeckte! Süßlich, leicht... und ständig holten wir Nachschub! Wir alle machten uns keine Gedanken darüber, wo dieses „Wunder" wohl herkam. Immerhin stillte es unseren Hunger – und das in einer Zeit, in der uns die Lebensmittelkarten oft nichts nützten, weil einfach nichts mehr da war. Jahre später haben sich viele Menschen gefragt, was dieses „Tip Top" eigentlich war. Dann erfuhren wir es! Da wussten wir, wie und wo es herkam! Ich kann nur eines sagen: Das will ich einfach nicht glauben, und deshalb schreibe ich es auch nicht! Wenn es ein paar Wissbegierige gibt, so werden sie ganz bestimmt forschen, und wir werden es alle erfahren. Also – bis dann!

Chesterfield & Co. – die ersten Zigaretten

Wir hatten nicht nur Lebensmittelkarten, sondern auch Raucherkarten. Ab dem Alter von 18 Jahren wurden Tabakwaren zugeteilt. Also in meiner Familie bedeutete das: zweimal – für die Eltern! Meine Mutter hat allerdings nie geraucht, mein Vater ab und zu. Die beiden Rationen Tabakware bekam ich in die Hand, und damit konnte ich gut Tauschgeschäfte auf den Dörfern durchführen. Man soll nicht glauben, dass die Menschen alle so verrückt nach Zigaretten waren und sind. Es gab Leute, die ihre Raucherkarte gerne verkauften – und ja, es gab auch andere wiederum, die lieber nichts gegessen haben! Über meinen Vater haben wir oft gelacht, denn es roch bei ihm immer so gut – er rauchte Pfefferminztee! Wie gesagt, die Tabakwaren gingen bei mir weg wie nichts, jeden Monat ein Mal.

Dass ich auch noch zu amerikanischen Zigaretten gekommen bin, ergab sich folgendermaßen: Unser Haus war keine vollständige Ruine, wir konnten im Keller leben, zum Erdgeschoss konnte man noch hinaufgehen, und im Obergeschoss links und rechts waren noch ein paar Wände stehen geblieben. Den Schutt hatte ich mit meinem Vater nach und nach auf die Straße geschippt. Inzwischen waren die Innenräume fast schuttfrei. Eines Tages sollten alle Zimmer wieder bewohnt werden. Meine Eltern hatten ja immer noch gehofft, dass ihre Söhne Hugo und Philipp, also meine Brüder, wieder vom Krieg bzw. aus der Gefangenschaft zurückkehren würden.

Ausgangssperre war damals um 20 Uhr. Ab dieser Zeit durfte sich kein Mensch mehr auf der Straße oder am Fenster sehen lassen! Damals kontrollierten die Amerikaner! Also blieb ich abends zuhause. Mit dem alten Grammophon habe ich mir Musik gemacht, ganz laut. Die Platten, die ich hatte, sind zum Teil heute wieder modern: „La Paloma", „Lili Marleen", „O sole mio", „Immer an der Wand lang", „Ein Schiff wird kommen" ... Eines Abends, ich habe mal wieder laut Musik gemacht, da hörte ich von der Straße lautes, fremdländisches Rufen! Ich sah vorsichtig nach, und unterm Fenster standen vier Amis.

Als sie mich sahen, riefen sie „Frollein" und ähnliches, ich solle rauskommen! Doch ich habe den Kopf geschüttelt. Sie mussten ja eigentlich wissen, dass wir uns während der Ausgangssperre nicht in der Öffentlichkeit bewegen durften. Ich hätte mich sowieso nicht mit dem „Feind" abgegeben. Das hatte man uns in der Schule so eingetrichtert! Also fingen die Amis an, mir Zigaretten hinauf zu werfen. Da ich bei den Handballern war, konnte ich gut fangen, und da die Amis fast täglich vorbei kamen, hatte ich mit der Zeit einen ganzen Berg „Chesterfield" angehäuft. Sie riechen wirklich gut, das muss man einfach sagen.

Über die Chesterfields haben sich die Bauern sehr gefreut – und ich verlangte für eine Zigarette zehn Pfund Weizen! Für eine ganze Schachtel, die ich nie hatte, bekam man sogar einen Zentner, man sprach schon von der „neuen Währung".

Doch irgendwann war es vorbei mit Zigaretten, denn als neue Besatzungsmacht kamen die Franzosen in die Pfalz! Das war ab Juli 1945 – und es ging gleich ein anderer Wind... Mein Vater hatte uns Kinder gewarnt. Er hat immer gesagt: „Wenn die Franzosen kommen, werdet ihr euch noch umsehen!" Er musste es wissen. Schließlich hatte er noch im Ersten Weltkrieg gegen sie gekämpft, und zwischen den Völkern herrschte zu dieser Zeit eine Erbfeindschaft.

Ich habe die Franzosen damals gehasst! Jeden von ihnen!

Fraternisierung und Fräuleinwunder

Bevor die Amerikaner abzogen und die Franzosen uns besetzten, herrschte ein reges Leben und Treiben. Das war in der Zeit von März bis Juli 1945. Ein Teil der US-Truppe hatte sich in der Mozart- und Goethe-Schule gemütlich eingerichtet. Der Schulhof war von einem Betonsockel umgeben, oben herum mit Latten erhöht. Den ganzen Tag standen die Kinder auf dem Sockel und spähten zwischen den Latten zu den Amis hindurch.

Manfred, mein Bruder, damals neun Jahre alt, erzählte uns später, was er so alles gesehen hat: Die Amis haben sich im Freien rasiert, dazu haben sie einen Spiegel an einen Baum genagelt und sich Schaum im Gesicht verrieben, und sie haben immer gelacht und gekaut. Dass es Kaugummi war, wusste er damals noch nicht. Und sie haben weißes Brot gegessen! Ein dermaßen weißes Brot hatten wir nie zuvor gesehen! Manfred und seine Freunde haben immer gehofft, dass von all den „guten Sachen" mal etwas für sie abfiel, aber die Amis durften den Deutschen zunächst nichts geben, auch nicht den Kindern. Wir wussten das damals aber nicht. Ich kann nur sagen: Für die Kinder war das schlimm, weil wir alle Hunger hatten! Einmal brachte Manfred eine kleine Dose mit, die noch zu einem Viertel mit Erdnüssen gefüllt war. Ein Ami hat sie ihm hingestellt.

An ein Ereignis erinnere ich mich noch besonders: Ich kam in die Küche zu meiner Mutter, da saß mein Bruder und heulte – und das war ein sehr seltenes Bild, weil wir es gewohnt waren, dass er so viel lacht! Und nun das! „Was ist denn los? Ist was?" – Meine Mutter klärte mich auf: „Stell dir vor, die Amis haben den ganzen Morgen im Schulhof Brot zusammengehäuft, einen riesigen Berg". Manfred sagte unter Tränen „es war ganz weißes Brot" – „und dann haben sie ein riesiges Feuer entzündet, und das viele Brot ist in Flammen aufgegangen!" Wir haben erfahren, dass Frauen mit kleinen Kindern vor der Schule standen, da haben nicht nur die Kinder geweint. So war das, als die Amis im Schulhof aufräumten, weil sie Platz für die Franzosen machten.

Ansonsten gibt es über die Amerikaner Besseres zu berichten: Sie waren in der ganzen Umgebung präsent und haben sich der Bevölkerung gegenüber meistens gut benommen. Meine Mutter hat uns erzählt, dass sie mit leerer Tasche auf dem Heimweg war, als sie bemerkte, dass ein ganz junger Ami mit schnellen Schritten sie einholen wollte. Da blieb sie stehen, und der „Junge" gab ihr ein ganzes Brot. Das war ein Grund zur Freude! Und die Amis wussten, wie es um unsere Ernährungslage bestellt war. Leider konnte sie nicht verstehen, was er zu ihr sagte, denn sie konnte kein Englisch. Der Ami war so jung, vielleicht dachte er bei ihrem Anblick an seine eigene Mutter! Meine Mutter jedenfalls war krank und an dem Tag bestimmt überglücklich und dankbar, denn wir hatten unsere sechs Pellkartoffeln schon gegessen, so dass dieses Brot und der junge Mann unser „Überleben" für die nächsten Tage bedeuteten. Manches Mal denke ich an ihn, und ich habe auch meinem Enkel von ihm erzählt.

Die Amis fuhren oft große Autos – sowas hatten wir hier noch nicht gesehen! Das hinterließ Eindruck! Es dauerte gar nicht lange, und deutsche Mädchen hatten amerikanische Freunde. Weil unsere Mädchen so schön sind, wie es damals hieß! Zu dieser Zeit entstand der Begriff „Fräuleinwunder". Es war den Amis allerdings immer noch untersagt, sich mit deutschen Mädchen zu treffen. Man nannte es „Fraternisierungsverbot". Dass deutsche Frauen – später – Verbindungen mit Franzosen eingingen, war übrigens ganz selten! Da war das noch viel strenger!

Jahre später sah es wieder anders aus. Deutsche Mädchen gingen mit nach Amerika und heirateten ihren Verehrer. Viele kamen auch wieder zurück, weil das Leben eben doch nicht so toll war, wie sie sich das vorgestellt hatten. Und Hunger hatten wir in Good Old Germany nach 1948 ja nicht mehr, und auch die Ruinen verschwanden nach und nach. Deutschland war wieder schön, und viele stationierte Soldaten wären gerne in Germany geblieben. Die deutschen Mädchen waren weiterhin begehrt, die Amis schätzten ihre Natürlichkeit! Heute ist es wieder anders. Unsere „Froileins" sehen genauso aus wie die in Amerika, jedenfalls sind Aufmachung, Farbe und Kleidung gleich! Jetzt ist überall Amerika!

Das tägliche Brot – vom Teilen in der Not

Es ist das Jahr 1946. Ein Tag wie immer. Wir sind längst französisch besetzt. Meine Ration Brot habe ich gestern schon gegessen. Ich wiege nämlich jeden Abend das Brot für den nächsten Tag ab. Meine Familie kann sich jeden Tag 1000 Gramm teilen. Ich wiege und teile durch vier. Wir besitzen so eine alte Waage mit Gewichten. Ich schneide das Brot in der Mitte durch, lege es links und rechts ab. Wenn die eine Seite etwas schwerer ist, schneide ich das weg und esse es selbst! Das darf aber keiner wissen! Danach wird ehrlich geteilt.

Meine Eltern und mein Bruder schlafen schon. So bin ich allein in der Küche und esse meine 250 Gramm mit Genuss! Natürlich habe ich jetzt für morgen nichts mehr zu essen – und der Tag ist lang! Es regnet Tag und Nacht, und eigentlich möchte ich heute nicht zum „Schwarzmarkt" gehen. Aber mein Bruder hat schon zweimal gefragt, ob ich heute nicht fortgehen will. Also ziehe ich mir mein blaues Regencape an und gehe „organisieren", so nannten wir das damals. Aber ich gehe heute wirklich nicht so gern!

Als ich die Straße entlang laufe, stelle ich fest, dass kein Mensch bei diesem Regen unterwegs ist. Nur ich! Dann kommt auf einmal ein Radfahrer mit Anhänger vorbei, und er fährt wahnsinnig schnell, wegen des Regens, er geht in die Kurve, und was sehe ich da? Da fliegt ein Laib Brot in hohem Bogen auf die Straße, und dort, wo es aufschlägt, dampft es – also ist das Brot heiß…

Ich sehe mich um, weit und breit kein Mensch! Also nehme ich das Brot schnell mit, und zehn Minuten später bin ich wieder daheim! Ohne ein Wort zu sagen, lege ich das Brot auf den Tisch. Das war vielleicht eine Überraschung! Also: Geteilt durch vier! Es war wie im Märchen – da saßen wir und haben das ganze Brot aufgegessen!

Und da gab es noch eine ähnliche Begebenheit, ebenfalls aus dem Jahr 1946: Es war die Zeit, in der wir vom Keller unseres Hauses wieder zurück ins Erdgeschoss umgezogen sind. Der Keller war noch mit Rundhölzern abgestützt, und meine Mutter war gerade dabei, alles Mögliche auszuräumen. Auf einmal hörte ich sie rufen: „Du glaubst es nicht, dei' Mäntelche' hab' ich eben gefunden! Komm' mal runter!" Mein Mäntelchen, das war eine Jacke, die mir schon vor dem Krieg zu klein war und die ich damals in den Keller gehängt hatte. Viele andere Kleidungsstücke hingen darüber. Ich hatte das längst vergessen. Doch das wirklich Interessante war das, was sich in diesem Mäntelchen befand: Schokolade! Es waren zwölf große Schokoladenstücke, die ich damals, 1939, versteckt hatte. Und die hat meine Mutter jetzt zufällig wiederentdeckt! Was haben wir also gemacht? Wir haben alles in der Küche auf den Tisch gelegt und gewartet, bis der Vater heimkam. Dann haben wir geteilt, durch vier!

Und eines kann ich sagen: So gut wie in diesem Moment hat Schokolade noch nie geschmeckt!!!

Wer in diesen Zeiten stiehlt...

„Na, Hanna, wo geh'scht denn schon wieder hin?!" – „Wo werd' ich schon hingehen? Ich such' was Essbares!" – „Do geht's dir wie mir! Denn ich hab' meine 250 Gramm Brot für heute schon gestern Abend gegessen. Und jetzt hab' ich g'sehe, wie meine Mutter die Hälfte von ihren 250 Gramm meinem Bruder gegeben hat." – „Also so kann des net weitergehe', wir müsse' was organisiere'!"

Also gingen wir auf die Felder und holten uns was, egal was wir finden! Ich muss jetzt dazu sagen, Hanna war meine Nachbarin und bildhübsch, aber ein ängstlicher Mensch. Wir waren gleich alt, 16 Jahre, und hatten immer Kohldampf! Wir haben unsere Umgebung, die Felder, ausgespäht, und da sahen wir einen Kartoffelacker, der noch nicht voll geerntet war. Ausgestattet waren wir mit einem kleinen Sack und einem Schuhlöffel. Ganz allein auf dem Acker, weit und breit kein Mensch zu sehen. Wir wollten gerade anfangen, richtig zu graben – ich muss dazu erwähnen, dass man mit Hanna wunderbar lachen konnte – also gruben wir immer weiter und lachten. Ich hatte gerade noch gesagt: „Was erzählen wir eigentlich dem Feldschütz, wenn er uns erwischt?!"

Hanna lachte und wollte mir gerade erklären, was wir dem Feldschütz wohl sagen würden – da sprach hinter uns ein Mann: „Na, was wollt ihr mir jetzt sagen?" Es war der Feldschütz! Er hatte schon die ganze Zeit hinter uns gestanden – und er war ziemlich böse! „Was macht ihr da?" Ich muss zugeben, wir waren ziemlich sprachlos. „Sagt, was ihr da macht!" Hanna war wie zu einer Salzsäule erstarrt. Ich sagte: „Ja, Hanna, was machen wir eigentlich hier?" Ich überlegte kurz, und dann erklärte ich: „Ach ja, jetzt weiß ich es wieder: Wir warten auf den Bus!" Und Hanna lacht und lacht und lacht, und ich lache und lache… und der Feldschütz ist voller Zorn! „Euch bringe ich vor Gericht! Da wird euch das Lachen schon vergehen!!!" Toll ist, wir haben das gar nicht geglaubt. Aber dann kamen tatsächlich die Vorladungen vom Jugendgericht in Ludwigshafen…

Hanna kam weinend aus dem Saal. Ich dachte, das wird ja gut, da bin ich mal gespannt, was die mit mir anstellen. Die Räume waren alle nur provisorisch hergerichtet. Ein großer Tisch, drei Männer saßen dort und nahmen mich in die Mangel. „Du weißt, warum du hier bist?!" – „Ja." – „Dir wird vorgeworfen, dass du gemeinsam mit deiner Freundin von einem Acker Kartoffeln gestohlen hast. Das ist ein schlimmes Vergehen. Würdest du das noch mal machen?" Ich antwortete: „Ja!". Darauf der Richter: „Die Beklagte sagt, sie würde das wieder tun."

Er belehrte mich: „Wenn das jeder so machen würde, wo kämen wir denn dann hin?" Ich entgegnete: „Das macht jeder, wenn er nur die Gelegenheit dazu hat! Meine Mutter ist schwer krank, sie soll gut essen, aber Sie wissen ja selbst, was wir für die Lebensmittelkarte bekommen, wenn überhaupt!"

Die drei Männer steckten die Köpfe zusammen, und ich hörte, dass der eine sagte: „Wir müssen uns nicht wundern. Wir wissen ja, dass der Kardinal Frings aus Köln von der Kanzel verkündet hat, wer heutzutage Lebensmittel entwendet, das ist kein Diebstahl und keine Sünde, das ist der Selbsterhaltungstrieb!" Ich habe das alles gehört. Sie sagten: „Wir fragen dich noch mal: Also du würdest, um deiner Mutter zu helfen, wieder Lebensmittel stehlen?" – „Ja, jederzeit!" Daraufhin wurde ich verwarnt, und sie sagten, das wäre menschlich alles zu verstehen, aber sie hoffen trotzdem, dass sie mich hier nicht wieder sehen…

Mit Hanna ging ich nicht mehr auf Raubzüge. Sie war mir zu ängstlich. Ich tat fortan alles im Alleingang. Zum Beispiel habe ich mir ein großes Weizenfeld ausgeguckt. Die Garben standen wie kleine Zelte auf dem Acker. Ich fand auf dem Feld ein großes Bombenloch. Am nächsten Tag bin ich mit Sack und Schere hingegangen, habe mir eine Garbe ins Bombenloch gezogen und mir in aller Ruhe die Ähren in meinen Sack geschnitten. Das Loch war so tief, dass man mich nicht sehen konnte! Die Garbe habe ich dann wieder zurückgestellt usw.

Wenn ich jetzt im Alter lese, was ich damals angestellt habe, müsste ich mich eigentlich schämen, aber bei mir kommt kein Gefühl der Scham auf! Es war die Hungersnot, die die Menschen dazu zwang, alles, was essbar war, zu stehlen. Meine Eltern, die bestimmt anständige Menschen waren, sahen meinem Treiben zu und waren immer froh, wenn ich mit etwas Essbarem heimkam... Besonders mein kleiner Bruder lauerte jeden Tag darauf, dass es etwas Anständiges zu essen gab!

Erst einige Jahre später, nach 1948, konnte man wieder alles kaufen, und die Regale waren voll. Mein Vater hat bei einer Gelegenheit gesagt: „Ohne unsere Tochter wären wir verhungert!" Es war das schönste Kompliment, das er mir machen konnte.

Die Rheinüberquerung im Morgengrauen

1946: Meine Freundin Helga lebte in Mannheim-Sandhofen. Das gehörte zur amerikanisch besetzten Zone. Sie konnte ohne weiteres zu uns in die Pfalz kommen, was sie auch häufig tat. Wer wie wir linksrheinisch lebte, war französisch besetzt, und wir durften umgekehrt diese Zone nicht verlassen! Nach Mannheim zu gelangen, war auf legalem Wege also nicht möglich!

Als mich Helga an einem Tag in Oppau besuchte, hatte sie einen ganz weißen Pullover an. Man muss wissen, dass es keine Kleider, Schuhe, Wolle usw. zu kaufen gab. Selbst wenn man einen Bezugsschein hatte, bekam man oft nichts dafür. Ich kenne ansonsten keinen Neid, aber um diesen Pullover habe ich Helga wirklich beneidet! Sie erzählte mir, dass dies ein Zuckersack sei – aus der Zuckerfabrik in Mannheim, wo Bekannte von ihr arbeiteten!

Über diesen Sack hat Helga gesagt, er wäre ziemlich schwer und musste wie eine Stricksache aufgezogen werden. Dann wurde die Strickmasse ein paar Mal im Kessel gekocht und wurde immer weißer.... Helga sagte, sie würde mir so einen Zuckersack besorgen. Ich freue mich! Abholen müsste ich ihn aber selbst. Und das war ein Problem... Wie komme ich denn nach Sandhofen zu Helga – und zu einem Zuckersack? Die Franzosen ließen uns ja nicht aus ihrer Besatzungszone heraus!

Also, ich musste irgendwie über den Rhein, um zu so einem Sack zu kommen! Durch Mundpropaganda erfuhr ich, wie man von Ludwigshafen doch über den Rhein in die amerikanische Zone nach Mannheim gelangen könnte: Es geht mit einem Boot!

Eines Morgens, 4 Uhr: Es ist stockdunkel, nirgends Licht, und ich laufe am Rhein entlang, kein Mensch weit und breit unterwegs! Da sehe ich eine kleine, dunkle Gestalt, die plötzlich stehen bleibt, auf mich wartet und sagt: „Dich kenn' ich doch!" Also stellten wir ein gemeinsames Kennen fest! Es war Frau Jakobi. Sie hatte längere Zeit bei uns die Zeitung ausgetragen, zuletzt „Die Rheinpfalz". Wir waren beide froh, dass wir jetzt nicht mehr allein in der Dunkelheit herumliefen. Sie sagte: „Bis zum Kuban, das dauert noch, und dahinter liegt das Boot!"

Nur Eingeborene wissen hier, was der „Kuban" ist. Der „Kuban" war bei uns eine Brücke, die nach dem gleichnamigen Brückenkopf in Russland betitelt wurde. Auf beiden Seiten hatte man angefangen zu bauen. Aber das Mittelstück fehlte, weil Sabotage eine Rolle spielte. Wer für schuldig befunden wurde, wurde hingerichtet. Diese nichtfertige Brücke hat die Organisation Todt gebaut. Das war die Bautruppe der Nationalsozialisten.

Endlich waren wir nun am „Kuban" angekommen und sahen ein paar dunkle Gestalten – und schließlich das Boot, das hinter einem Pfeiler lag! Ich hörte jemanden sagen: „Ich denke, es sind alle da!" Wir mussten dann zahlen: zweimal Tabakwaren und einen größeren Geldbetrag. Wieviel das war, weiß ich nicht mehr genau. Uns wurde leise gesagt, wie wir uns verhalten müssen. Also gingen wir ins Boot, und dann wurde bis zum nächsten Pfeiler gepaddelt! Dann mussten wir aber warten, denn immer um die gleiche Zeit kam mitten auf dem Rhein ein französisches Motorboot vorbei. Es kontrollierte die Brücke und die Umgebung. Also musste man aufpassen! Erst als es weitergefahren war und sich weit genug entfernt hatte, konnten wir weiter-paddeln! Nun war kein Pfeiler mehr in Sicht – und wir befanden uns auf dem offenen Rhein!

Irgendwann erreichten wir das Ufer auf der Mannheimer Seite, und alle verteilten sich. Man muss bedenken, dass der Rhein eine starke Strömung hat, und ich habe nicht geahnt, dass ich dermaßen weit von meinem Ziel, Sandhofen, entfernt lag! Irgend-wann schließlich kam ich bei Helga an – und blieb bei ihr zwei Tage. Die amerikanische Besatzungszone konnte man mit der französischen nicht vergleichen. Es gab zwar bei den Amis wie bei uns Lebensmittel-karten, aber anders als bei uns konnte man hier alles kaufen!

Den Zuckersack habe ich von Helga bekommen, wie sie es versprochen hat. Jetzt stand ich also mit dem schweren Sack an der Rheinbrücke bei den Ameri-kanern und wollte zurück auf die französische Seite nach Ludwigshafen. Doch so einfach ging das wohl nicht! Ich sah ein großes Zelt und viele Menschen…

Sobald sie aus dem Zelt herauskamen, waren sie weiß „gepudert"! Und so erging es jetzt auch mir! Denn die Amerikaner haben jeden erst einmal desinfiziert! Nach dieser Prozedur konnte ich endlich über die Brücke – und war wieder in Ludwigshafen! Mit vereinten Kräften haben meine Mutter und ich die Wolle aus dem Sack weiß gebracht, und irgendwann hatte ich diesen tollen Pullover, den ich mir so sehnlich gewünscht hatte!

Allerdings war er so stachelig, dass man das Gefühl bekam, er wäre ein Igel. Egal, ich hatte jetzt ein wirklich tolles Kleidungsstück!

Die Schuhe vom Bürgermeister

Was ich ganz dringend brauchte, waren Schuhe! Aber man konnte im Jahr 1946 nicht wie heute in ein Geschäft gehen und sich welche kaufen! Es gab nämlich keine! Deswegen musste man sich einen Bezugsschein besorgen. Also ging ich jede Woche zum Rathaus. Dort war alles nach A, B, C usw. geordnet. Ich sagte: „Ich komme seit bald zwei Jahren jede Woche, weil ich dringend Schuhe brauche! Sie sagen mir, es gäbe keine Bezugsscheine, deswegen könnten Sie mir nichts geben! Ich sage Ihnen jetzt: Sie haben garantiert Bezugsscheine! Nur brauchen Sie die für Ihre Verwandten und Bekannten!"

Und dann sagte ich noch: „Genau deshalb werde ich ab sofort hier auch nicht mehr auftauchen und um einen Schein betteln! Ich werde nämlich sofort mit dem Bürgermeister Kontakt aufnehmen und ihm die Lage schildern und meine Vermutung gegen Sie wiederholen!" Im Rathaus waren sie sprachlos.

Was habe ich also getan? Ich habe an unseren Bürgermeister geschrieben und ihm die Situation geschildert, in der ich mich befand. Zugleich habe ich ihm nahegelegt, dass man die Bezugsstellen einmal überprüfen sollte! Meine Mutter sagte dazu: „Du kannst doch dem Bürgermeister nicht so einen Brief schreiben" – worauf ich entgegnete: „Doch, er soll wissen, dass irgend etwas dort nicht mit rechten Dingen zugeht!" Und so nahm das Schicksal seinen Lauf...

Innerhalb von einer Woche bekam ich Post... vom Bürgermeister! In einem kurzen Schreiben teilte er mir mit, dass ich an einem bestimmten Tag in seinem Büro vorsprechen soll. Als ich ankam, war er selbst leider nicht anwesend. Seine Sekretärin fragte mich: „Du bist das?!" Ich war damals 16 Jahre alt. „Komm mal mit!" Sie führte mich in ein Zimmer, das rundum vom Boden bis zur Decke mit neuen Schuhen vollgestellt war! „Ich lasse dich mal allein, da kannst du dir ein Paar Schuhe raussuchen!" Ich dachte, wenn ich das mal erzähle, das glaubt doch kein Mensch!

Also war ich nun mit „Hunderten" neuen Schuhen allein. Ich musste erst mal meine Schuhgröße herausfinden – und kam auf Größe 38. Das waren alles schöne Schuhe, aber... ich brauchte keine schönen Schuhe – ich brauchte Schuhe, in denen ich gehen konnte, und zwar den ganzen Tag, wenn ich Lebensmittel organisierte bzw. auf dem schwarzen Markt unterwegs war! Die Schuhe waren alle wirklich schön, aber die Absätze waren für mich einfach zu hoch! Ich brauchte Stunden und fand trotzdem nicht die Richtigen. Zwischendurch schaute die Angestellte vorbei und schmunzelte: „Ja, ja, wer die Wahl hat, hat die Qual..."

Nach Stunden habe ich mir ein Paar dunkelblaue Schuhe genommen, die ich nicht anziehen konnte. Ich bedankte mich und musste die Schuhe nicht bezahlen.

In Ludwigshafen gab es damals eine Tauschzentrale für Schuhe! Das bedeutete: stundenlanges Anstehen, bevor man an der Reihe war! Als ich die Schuhe endlich aus der Tasche zog, kam es zu einem kleinen Aufstand. Jeder wollte nämlich wissen, wo es denn diese Schuhe gibt! „Mädche, sag' uns, wu gibt's die Schuh'?!" – „Die gibt's nicht zu kaufen! Wenn ich sage, wo ich die her hab', werden Sie es sowieso nicht glauben!" Man hat mich regelrecht belagert und mir unterstellt, dass ich wohl bevorzugt behandelt würde…

Tja, was war das Ende? Ich tauschte diese schönen neuen Schuhe gegen ein paar gebrauchte. Dafür waren sie bequem – und ich war zufrieden.

Mein größtes Handballspiel

Am Anfang habe ich geglaubt, dass die vielen Zuschauer auf dem Sportplatz unseretwegen gekommen sind! Ich habe ja schon erwähnt, dass ich Handball gespielt habe. Damals spielte man noch auf dem Feld, nicht in der Halle! An diesem Tag hatten wir jedenfalls ein Spiel, und wir Mädchen waren überwältigt von den Tausenden Besuchern, die sich um die Sportanlage in Oppau drängten. Der Grund ihres Besuchs war jedoch ein anderer. Wir waren es leider nicht! Nach uns spielten die Fußballer – und die kamen aus Kaiserslautern!

Weil ich nicht mehr genau weiß, wann dieses Ereignis stattfand, hat mein Enkel recherchiert. Er fand heraus, dass am 15. Dezember 1946 der 1. FC Kaiserslautern beim BSC Oppau angetreten ist, in der dritten Runde im Pfalz-Pokal. Zur Aufstellung gehörten Fritz und Ottmar Walter, E. Liebrich, W. Liebrich, Kohlmeyer und viele weitere bekannte Spieler dieser Zeit. Wahrscheinlich wird es also dieser Tag gewesen sein, an dem ich mein „größtes" Handballspiel erlebt habe. Jedenfalls war es im Winter – und mein Vater war auch in der Sportanlage, aber natürlich ging es auch ihm nur um die Fußballer! Die „Roten Teufel" gewannen am Ende mit 4:0, und es heißt, dass einige Menschen nach dem Spiel richtig wütend waren. Auf einen Bus sollen sogar Steine geflogen sein.

Wie dem auch sei, für uns Handballerinnen war das ein unvergesslicher Tag – auch wenn wir lediglich als „Vorprogramm" dienten!

Gestoppt zur Sperrstunde –
meine Begegnung mit dem „Feind"

Es war 1946/47. Meine Freundin Anita, die ein Jahr älter war als ich, hatte damals einen Freund, den auch ich gut kannte. Wir waren in Ludwigshafen immer noch französisch besetzt, und für junge Leute war nichts los. Eines Tages besuchten wir Tante und Onkel von Anita in einem Dorf hinter Frankenthal – mit den Fahrrädern! Es war Sonntag, und ausnahmsweise war an diesem Tag die Ausgangssperre erst um 22 Uhr, ansonsten begann sie immer schon um 20 Uhr.

Auf dem Rückweg von den Verwandten beeilten wir uns, denn wir wussten, dass wir uns verspätet hatten. Auf der Hauptstraße von Frankenthal stoppte uns plötzlich ein Jeep. Drei Franzosen mit Maschinengewehren und ein älterer Dolmetscher stiegen aus. Zu dieser Zeit musste jeder auf sein Fahrrad Name und Alter auf Metall stanzen. Das wurde überprüft.

Die Soldaten besahen sich zuerst Anita und ihren Freund, und die durften dann über die Straße gehen. Dort warteten sie auf mich in großem Abstand. Sie hatten mich gut im Auge, und so konnten sie später genau erzählen, wie ich mich damals den Franzosen gegenüber verhalten habe. Da sagte der Dolmetscher auf einmal zu mir: Die Franzosen wünschten, dass ich mit ins Kasino gehe! Er empfahl mir noch, ich solle besser den Wünschen nachkommen, denn er habe die Erfahrung gemacht, dass sie sehr ungemütlich werden können. Es gäbe Frauen, die tagelang im Kasino festgehalten wurden usw.

Einschub: Nach fast dreißig Jahren traf ich bei einem Weihnachtsbummel in Mannheim Anita wieder. Es war für uns beide eine totale Überraschung, und Anita hat mich gleich erkannt, ich sie allerdings nicht. Ihren damaligen Freund hatte sie inzwischen geheiratet und mit ihm fünf Kinder bekommen. Wir hatten uns viel zu erzählen, und ich habe sie beide zu uns eingeladen. Beim Erzählen fragte sie mich, ob ich die Geschichte mit den Franzosen in Frankenthal eigentlich meinem Mann, Helmut, erzählt hätte. Ich verneinte, und Helmut war natürlich neugierig darauf, zu erfahren, was damals los war. Anita sagte, dass sie diese Geschichte im Laufe der Jahre immer wieder erzählt hat, weil sie ansonsten niemanden kennt, der die Franzosen dermaßen fertiggemacht hat wie ich damals!

Also: Vor allen Dingen hätte ich dem Dolmetscher, der ein Deutscher war, meine Meinung gesagt: „Schämen Sie sich nicht, eine deutsche Frau so an die Franzosen zu verkuppeln? Sie müssten mir abraten und müssten auf meiner Seite stehen! Vor ein paar Monaten waren das schließlich noch unsere Feinde!" Dann hätte ich die Franzosen richtig aufs Korn genommen, sagte Anita. Und zwar so arg, dass sie damals regelrecht Angst um mich bekommen hätte – und sich immer wieder gesagt hätte: „Wenn sie doch nur ruhig wäre, dann lassen sie sie vielleicht gehen!"

Aber ich war damals wohl noch nicht fertig: „Wenn Sie glauben, dass Sie nur zu winken brauchen und die deutschen Frauen springen zu Ihnen ins Bett – und hoffentlich übersetzen Sie das richtig! – dann haben Sie sich getäuscht!" Nach diesen Sprüchen verkündete ich schließlich: „Und jetzt gehe ich nach Hause!" Da habe ich mein Fahrrad genommen und bin über die breite Straße gelaufen, allerdings mit einem eigenartigen Gefühl im Rücken. Denn ich wusste ja, dass die Franzosen Maschinenpistolen hatten. Aber… dass sie wirklich schießen würden, das habe ich nicht gedacht. Ich nahm nämlich an, dass der Dolmetscher das alles bestimmt nicht richtig übersetzt hat! Die Angst blieb trotzdem…

Viele Jahre später: Mein Vater – inzwischen ein alter Mann – und ich sitzen vor dem Fernseher. Man muss dazu wissen, dass er bis zuletzt ein überzeugter Sozialdemokrat war. Und auch er hatte seine Erfahrungen mit den Franzosen gemacht, immerhin musste er im Ersten Weltkrieg an der Westfront gegen sie kämpfen. Nun schauen wir also die Nachrichten – und da sehen wir, wie sich Konrad Adenauer und Charles de Gaulle die Hände schütteln! Es ist der Beginn der deutsch-französischen Freundschaft. Ich konnte das kaum glauben! Verwundert blickte ich zu meinem Vater: „Siehst du das? Jetzt sind sie unsere Freunde." Ich war gespannt, was er wohl dazu sagen würde. Er sagte: „Es war Zeit."

Mein letztes Tauschgeschäft

1947 war ein Hungerjahr – zugleich war es die Zeit, als die Tauscherei auf dem Schwarzmarkt allmählich zu Ende ging. Auf den Feldern konnte man nur noch das „organisieren", d.h. stehlen, was die Franzosen übrig gelassen hatten! Und die ließen kaum etwas übrig – weil ihre eigene Bevölkerung auch nichts hatte!

Ich war täglich unterwegs. Die Züge waren überfüllt. Die Menschen hingen daran, außen und auf den Dächern! Die meisten hatten kleine Beutel, die Zeit der dicken Rucksäcke war vorbei. Meinen Rucksack hatte ich mit meiner Mutter aus einem großen Segeltuch hergestellt, das wir aus der verlassenen Flakstellung in der Nähe unseres Wohnhauses geholt hatten. Und obwohl man nicht mehr so viele Beutel und Rucksäcke wie bisher sah, machte es die Runde: „Wenn die Franzosen die Züge bzw. Waggons kontrollieren, nehmen sie alles Essbare ab! Zur Zeit stehen sie an jedem Bahnhof mit Gewehren, und es kommt niemand mit Lebensmitteln vorbei. Alles wird abgenommen!"

Jetzt versetzt euch mal in meine Lage! Gerade an diesem Tag hatte ich einen vollen Rucksack mit 30 Pfund Weizen dabei, und ich musste am Bahnhof in Frankenthal aussteigen! Wenn man in Frankenthal ankam, musste man die breite Treppe hinaufgehen, und wenn man ganz oben war, befand sich rechts ein hohes Eisengitter. Jetzt standen dahinter Hunderte

Menschen, und alle warteten auf ihre Angehörigen, die ihnen hoffentlich Brot oder Kartoffeln bringen!

Als ich mich weiter umsah, patrouillierten am Bahnhofseingang französische Soldaten mit Maschinengewehren! Und natürlich wusste ich, dass ich mit meinem Weizen im Gepäck niemals an ihnen vorbeikommen würde! Ich habe nur einen Moment gezögert, dann war mein Plan fertig! Dazu ging ich an das Gitter und sprach einen dahinter stehenden jungen Mann an: „Hören Sie mir gerade mal zu? Würden Sie etwas zur Seite gehen, dann könnte ich meinen Rucksack übers Gitter heben, und ich werde im Null-Komma-Nichts wieder bei Ihnen sein, ich muss nur schnell mein Fahrrad abholen!"

Der junge Mann hat etwas verdutzt geguckt und mit dem Kopf genickt, und da war ich schon unterwegs! Am Frankenthaler Bahnhof gab es damals eine Gepäckaufbewahrungsstelle, dort hatte ich eine Zeitlang mein Fahrrad deponieren dürfen. Dort angekommen, hielt der freundliche, ältere Mann an der Ausgabe mein Rad schon bereit, und ich machte Druck: „schnell, schnell, schnell!" Er darauf: „Mädche, hoffentlich hoscht Glück! Da hat sich heut' schun was abg'spielt!"

Ich drängte mit meinem Fahrrad durch die Menschenmenge zurück bis hinter das Gitter, und was soll ich sagen? Ich hätte das größte Verständnis dafür gehabt, wenn mein Rucksack verschwunden gewesen wäre – aber er war da! All die Menschen hatten Hunger – aber keiner hat sich an meinem

Rucksack vergriffen! Dieses Verhalten gibt einem den Glauben an das Gute im Menschen zurück…

Also: Rucksack aufs Fahrrad und Richtung Oppau – inzwischen war es 20 Uhr! Meine Eltern, die sich schon Sorgen um mich gemacht hatten, standen am Hoftor und waren überglücklich, dass ich wieder da war.

Als ich meiner Mutter erzählte, was sich zugetragen hat, da hat sie geweint.

Erinnerung an meine Brüder

Drei Jahre war der Krieg nun schon vorbei. Wenn es um meine vermissten Brüder Philipp und Hugo ging, sagte mein Vater: „Da kommt keiner mehr!" Er erzählte, was beispielsweise die Tschechen mit den deutschen Soldaten alles gemacht haben, wenn sie ihnen in die Hände fielen. Aber die Mutter hat immer gehofft! Es war für meine Familie eine schlimme Zeit.

Philipp wurde am 3. Mai 1926 geboren, Hugo am 27. Dezember 1921. Sie wurden als 18- bzw. 19-Jährige zum Militär eingezogen. Philipp, der bei der BASF Dreher und Feinmechaniker gelernt hatte, musste vorzeitig die Prüfung ablegen und die Ausbildung beenden – und ein Jahr lang an einem „Wehrertüchtigungslager" teilnehmen, bevor es 1944 an die Front ging. Hugo, der in der Buchhaltung tätig war, musste zunächst zum Reichsarbeitsdienst und ab 1941 in den Krieg. Beide haben gerne Musik gemacht, Philipp war außerdem ein passionierter Maler.

Damals war es so: Man war verpflichtet, für Hitler zu kämpfen. Hätte man sich geweigert, wäre man als Deserteur betrachtet und erschossen worden. Volljährig war man erst mit 21, sterben „für Führer, Volk und Vaterland", wie es offiziell hieß, durfte man schon mit 18… Hugo befand man für zu jung, um am Tanzkurs in der Kirchenstraße in Oppau teilzunehmen – kurz darauf fand er sich dann im Krieg bei den Sanitätern wieder! Man muss wissen: Er konnte kein Blut sehen und war zudem stark kurzsichtig. Philipp war als Panzergrenadier im Einsatz.

Mein Vater, der sein Land liebte und der im Ersten Weltkrieg selbst einiges erlebt hat – unter anderem wurde er in Russland verwundet – war manchmal sehr direkt, er konnte mit seinen Worten regelrecht brutal sein. Und als Sozialdemokrat hatte er seine Meinung. Die konnte er jedoch allenfalls hinter vorgehaltener Hand äußern, seine Partei war längst verboten. Bereits 1933, als Hitler an die Macht kam, hatte er im Kreise der Familie gesagt: „Ihr werdet sehen, es gibt wieder Krieg!"

Wenn meine Brüder von der Front zu uns nach Hause kamen, schonte mein Vater sie nicht. In den letzten Kriegsjahren hat er oft gesagt: „Macht euch nix vor, der Krieg ist verloren!" Hugo, der einmal im Jahr 14 Tage „Heimaturlaub" hatte, war für solch ernüchternde Worte zugänglich. Bei Philipp sah es anders aus, für ihn war das schlimm: Ich kann mich noch gut erinnern, wie er bei seinem Genesungs-urlaub im Oktober 1944 aus Wut die Tür zugeschla-gen hat, bevor er von dannen zog. Vergeblich hatte er versucht, den Vater zu überzeugen: „Wir haben doch noch die Wunderwaffe!" Bis zuletzt hat er an den „Endsieg" geglaubt, ich übrigens auch.

Als Philipp in dieser Zeit einen Luftangriff in Oppau miterlebte und er die „Christbäume" am Himmel sah, da sagte er: „Das ist ja schlimmer als bei uns an der Front!" Und dorthin musste er schon nach acht Tagen wieder zurück, den Genesungsurlaub musste er vorzeitig abbrechen.

Philipp hatte den Rücken voller kleiner Splitter, als er bei uns war. Sie sollten ihm nach dem Krieg entfernt werden. Es war das letzte Mal, dass wir ihn gesehen haben.

In der Zeit um 1948 bin ich manchmal mit Freundinnen tanzen gegangen. Wenn ich so auf der Tanzfläche stand, da kam es vor, dass mir auf einmal meine Brüder wieder einfielen. Dann konnte ich unmöglich weiter tanzen und fröhlich sein. Ich habe mich auf der Stelle umgedreht, habe meine Jacke genommen und bin gegangen!

Meine Mutter hat über das Schicksal ihrer beiden Söhne bis zu ihrem Tod im Jahr 1952 nichts mehr erfahren. Die letzten Feldpostbriefe hat sie Anfang 1946 erhalten. Philipps Brief datiert vom 16. Februar 1945 aus Skoczow (Skotschau) in Polen, wo sich die Wehrmacht auf dem Rückzug befand und in schwere Gefechte mit den sowjetischen Truppen verwickelt war. Hugos letzter Feldpostbrief stammt vom 23. Februar 1945 aus Bosnien nahe der Adriaküste. Er war mehrfach an Malaria erkrankt.

Die jahrelange Ungewissheit hat meiner Mutter schwer zu schaffen gemacht. Fünf Tage, nachdem sie gestorben war, erhielten wir Nachricht von der „Deutschen Dienststelle für die Benachrichtigung der nächsten Angehörigen von Gefallenen der ehemaligen deutschen Wehrmacht":

Demnach ist Philipp in Polen im Ort Jaroszowice, 50 Kilometer südöstlich von Kattowitz, gefallen. Dies wurde im Jahr 1985 vom Volksbund Deutsche Kriegsgräberfürsorge bestätigt. Wahrscheinlich liegt Philipp in einem Massengrab.

Bezüglich Hugo teilte die Kriegsgräberfürsorge auf Anfrage 1987 mit, dass er am 1. Juli 1945 in jugoslawischer Kriegsgefangenschaft im Lazarett gestorben ist und auf dem ehemaligen österreichischen Garnisonsfriedhof in Slavonski Brod an der Save beigesetzt wurde. Der Ort liegt an der heutigen kroatisch-bosnischen Grenze.

Philipp wurde 19 Jahre alt, Hugo 23.

Bis heute unvergessen!

Warum ich nie zur BASF kam

1948 – die große Hungersnot ist endlich vorbei! In Deutschland wird eine Währungsreform durchgeführt. Jeder Bürger bekommt 60 DM „Kopfgeld". Für uns beginnt ein neues Leben. Aber wie soll es aussehen?

Meine Mutter ist zu dieser Zeit schon schwer krank. Sie hat ein Nierenleiden, das sie sich bei meiner Geburt zugezogen hat. Was ihr auch nicht gut bekommt, ist die Arbeit in der Waschküche mit Kesseln und kaltem Wasser. Waschmaschinen gab es damals noch nicht. Der Arzt hatte meiner Mutter vor Jahren gesagt: „Hauptsache, gutes Essen, Vitamine usw." Doch wo sollte man das gute Essen in den zurückliegenden Hungerjahren hernehmen? Aber jetzt gibt es wieder alles! Langsam kehrte die Normalität zurück. Die neuen Waren kosteten allerdings viel, vor allem die Arzneien, so dass man nicht alles kaufen konnte, was man gerne mochte.

Mein Vater nahm fast das ganze Geld und kaufte erst einmal Ziegeln fürs Dach. Das sollte jetzt richtig gedeckt werden. Aber bevor die Ziegeln auf das Dach kamen, musste zunächst das gesamte Blech, das wir auf dem Dach hatten, entfernt werden. Und das war keine einfache Arbeit! Als wir 1946 das Dach zugemacht hatten, waren wir beim „Fass-König". Mein Vater kannte ihn gut. Der hatte ein Lager mit Tausenden Fässern, allesamt verrostet. Gemeinsam mit unserem Vater hatten wir damals in unserem Hof mit einer Blechschere die Fässer auseinandergeschnitten, flachgeklopft und aufs Haus gebracht. Wer so eine Arbeit jemals gemacht hat, der weiß um seine Leistung! Wir waren die ganzen Jahre über froh, dass unser Haus, ein Eckhaus, trocken blieb. Nun aber sperrten wir die halbe Straßenseite ab und warfen Blech nach Blech vom Dach herunter. Mein jüngerer Bruder war inzwischen zwölf Jahre alt und hat fleißig mitgeholfen. Das Blech stapelten wir, und der „Fass-König" holte alles wieder ab.

Schule gab es für mich nicht, und so dachte ich, vielleicht gibt es ja in der BASF etwas zu tun! Schließlich hatte ich gute Zeugnisse, und Leute wurden zur Zeit gesucht. Man muss bedenken: Die Chemieindustrie spielte bei uns immer schon eine große Rolle, so ist es bis heute. Die Stadt Ludwigshafen hatte 1938 großes Interesse daran, dass Oppau eingemeindet wird. Oppau war das reichste Dorf, hat man gesagt! Schließlich stand dort die BASF!

Ich schrieb also eine Bewerbung – und wurde prompt zum Vorstellen eingeladen. Das Gespräch verlief gut. Doch der Maßgebende, der vermutlich das „Sagen" hatte, meinte, meine Zeugnisse wären zwar gut, solche Leute suchen sie, aber ich wäre einfach zu jung! „Ich darf Sie erst einstellen, wenn Sie 18 sind", erklärte man mir. Das Problem: Ich war 17! Ich sagte, dass ich am 21. Juli 18 Jahre alt werde und fragte, wann ich wieder zu ihm in die BASF kommen soll? „Na, ich würde sagen, kommen Sie dann eine Woche danach, es muss ja nicht gleich an Ihrem Geburtstag sein!"

Eine Woche später war dann der 28. Juli 1948. Auf diesen Tag habe ich mich sehr gefreut. Doch genau an diesem 28. Juli ereignete sich in der BASF eine fürchterliche Explosion, und diese richtete großen Schaden an. Über 200 Menschen sind auf dem Firmengelände umgekommen!

Das war ein Schock, vor allem auch für meine Mutter, und das hatte einen Grund:

Meine Mutter war am 21. September 1921 durch die erste große BASF-Explosion sehr schwer verletzt worden, als sie mit Hugo hochschwanger war. Damals waren in Oppau über 500 Menschen gestorben. Meine Eltern hatten bei Schwester und Schwager meines Vaters gewohnt, deren Haus schwer beschädigt wurde.

Meine Mutter stand 1921 gerade im Unterrock im Schlafzimmer, als es knallte. Sie erinnerte sich, dass sie auf freiem Feld umhergelaufen ist, als sie wieder zu sich kam. Es war stockdunkel, und weit entfernt sah sie Licht. Sie rannte, und ein Mann im weißen Hemd rannte an ihr vorbei. Dann griff sie zu, erfasste ihn am Hemd, doch er war zu schnell, so dass sie ihn nicht halten konnte. Darauf fand sie den Weg zurück in den Ort, und die Menschen haben sie in der Bäckerei Wüst auf Stroh gelegt und notdürftig verbunden. Ihr Ohr hing ab, im Gesicht waren dicke Glassplitter und am Oberschenkel eine lange, blutende Wunde. Später kam meine Mutter nach Frankenthal in die Heil- und Pflegeanstalt zu den anderen Verletzten. Mein Vater suchte sie in allen Krankenhäusern.

Wer nach dem Unglück von 1921 neu bauen wollte, durfte sich ein Grundstück heraussuchen. Das haben meine Eltern damals getan – und zwar möglichst weit weg von der Fabrik, das war ihnen wichtig!

Und nun, 1948, schon wieder so eine Katastrophe! Vielleicht kann man verstehen, dass ich an einer Anstellung bei der BASF nicht länger interessiert war… Ich hatte jedenfalls großes Glück, dass ich an diesem 28. Juli nicht wie geplant zum Vorstellungsgespräch gegangen bin!

Im Jahr 1952 starb meine Mutter, geboren am 22. Oktober 1897. Ihr Todestag war der 21. September – ausgerechnet das Datum, an dem sie die erste große Explosion in Oppau überlebt hatte!

Rastlos bei der Arbeit –
wie ich mein erstes Geld verdiente

Es war in den Jahren 1949/50. Aufgrund der schweren Krankheit meiner Mutter wollte mein Vater, dass ich zuhause bleibe. Das wollte ich aber nicht! Ich konnte meiner Mutter nicht helfen, und ich wollte für mich einen Beruf! So, wie es bisher war, sah ich kein Fortkommen. Man vergisst, dass es auch damals Arbeitslosigkeit gab. Vater erzählte mir, dass er jeden Tag sieht, wie die jungen Leute bei der Firma Fahrbach, die Kleidung und Sportartikel herstellte, abgelehnt werden – also keine Einstellungen! Und genau dort wollte ich jetzt hin! Vater legte mit seiner Mannschaft direkt vor der Firma Fahrbach neue Abwasserrohre.

Als er mich dort sah, sagte er: „Du brauchst gar nicht reinzugehen. Heute Morgen sind mindestens 15 Mädchen rausgekommen, keine wurde eingestellt, ich habe mit einigen gesprochen!" Ich redete noch fünf Minuten mit ihm und mit den Arbeitern – und dann ging ich rein! Ich verlangte den Geschäftsführer! Mit ihm habe ich mich gut unterhalten und mein Anliegen vorgebracht. Er zeigte mir den großen Nähsaal und andere Räume – und fragte mich, wann ich anfangen könnte! „Sofort!" – „Also, am nächsten Morgen um 8 Uhr!" Dann zeigte er mir noch einen Spind, in dem ich meine Kleidung unterbringen konnte. Ich verließ das Gebäude und erklärte meinem Vater: „Morgen fange ich an!" Er konnte es kaum glauben!

Der Geschäftsführer war ein schneidiger Typ, so wie man ihn oft beim Militär findet. Mit ihm kam ich gut aus. Ich hoffte, ich könnte an einer Knopfnähmaschine arbeiten. Das hätte mir gut gefallen. Aber ich kam zur Kontrolle. So musste ich Kostüme und Jacken überprüfen. Und ich verdiente zum Ärger von ein paar schon länger Beschäftigten etwas mehr als sie. Wenn die Einkäufer kamen, musste ich Kostüme und Jacken in Größe 38 vorführen, und da war ich immer begeistert, wie gut mir doch diese Sachen standen – die allerdings so teuer waren, dass ich sie mir selbst nicht leisten konnte. Leider. Fahrbach war in allem sehr exklusiv, die Firma bestand noch viele Jahrzehnte in Ludwigshafen.

Der Chef, der mich eingestellt hatte, schlich öfter um mich herum, manche munkelten sogar, wir hätten ein Verhältnis! So ein Quatsch! Mit ihm kam ich aber wirklich gut aus. Seine zackige Art hat mir irgendwie imponiert. Einmal habe ich mit ihm über einen Kollegen gesprochen, der bei Fahrbach ebenfalls etwas zu sagen hatte. Unter anderem sagte ich, dass ich der Überzeugung bin, dass dieser Kollege mich nicht leiden kann! Als ich kurze Zeit später über den Flur lief, da kam mir der Chef doch tatsächlich mit besagtem Kollegen entgegen! Er hatte ihn gerade über das unterrichtet, was er von mir vernommen hatte.

„Sie haben mir gesagt, dass Sie glauben, dass dieser Kollege Sie nicht leiden kann!" Als der Kollege das hörte, lief er knallrot an. Ich sagte in seine Richtung: „Ja, so ist es doch! Sie können mich nicht leiden!" Und ich ergänzte: „Aber ich sage Ihnen was – das beruht auf Gegenseitigkeit!" Da war der Kollege sprachlos. Bei Fahrbach arbeitete ich noch ungefähr zwei Monate.

Für mich ging es nun anderswo weiter. Firma Knoll stellt Leute ein, hieß es. Aber ohne „Vitamin B", also Beziehungen, kam man nicht in die Firma, wurde gesagt. Was mache ich also? Ich nehme mir zwei Stunden Zeit und fahre mit dem Fahrrad zu Knoll. Damals sind die Leute fast alle Fahrrad gefahren, Autos waren noch nicht verbreitet. Ich ging zur Anmeldung und sagte, dass ich erfahren habe, dass Fa. Knoll Leute einstellt, dass ich mich aber sehr wundere, dass ich noch keine Antwort auf meine Bewerbung bekommen habe! Und dass ich schon ein halbes Jahr darauf warte! Natürlich hat das alles überhaupt nicht gestimmt – aber ich wollte unbedingt dort arbeiten!

Der Mann war irritiert und sagte, da müsse er mal telefonieren – was er dann tat. Er entschuldigte sich: „Da muss uns ein grober Fehler unterlaufen sein. Sie werden eingeladen, sich vorzustellen." Er gab mir die Nummer des Zimmers bekannt, in dem ich vorsprechen sollte. Ich habe ja geglaubt, ich sei allein, dabei waren dort mindestens 20 Frauen! Später hat mir eine Arbeitskollegin, Gertrud, gesagt, dass sie, als sie mich sah, sofort geglaubt hat, dass man mich nehmen würde: „Du warst so elegant!" Am Ende wurden vier Damen ausgesondert. Die vier arbeiteten fortan zusammen, und jede erzählte ihre Geschichte, wieso sie bei Knoll genommen wurde. Alle hatten sie gute Beziehungen! Und nun sollte ich erzählen, wie ich hingekommen bin. Doch ich konnte nichts erzählen, ich bin nur durch mich selbst hier! Das haben sie mir übel genommen. Weil das nicht wahr sein konnte!

In dem riesigen Raum standen viele mindestens zwei Meter lange Tische, an jedem Tisch saßen vier Frauen und kontrollierten genau die Tabletten und Tropfen. Es wurde nicht gesprochen, so dass eine vollständige Ruhe herrschte! Eines Tages gab es ein Rundschreiben. Darin wurde mitgeteilt, dass jeder, der will, zum Goerdeler-Platz in Ludwigshafen gehen und dort demonstrieren kann. Es war etwas Politisches. Worum es genau ging, weiß ich heute nicht mehr.

An meinem Tisch waren wir uns einig, dass wir demonstrieren gehen – wir vier hatten politisch die gleichen Ansichten! Man musste das bei der Chefin bekanntgeben. Also ging ich direkt zum Anmelden: „Ich möchte heute Mittag frei haben, weil ich demonstrieren gehe!" - „Sie, Sie wollen demonstrieren? Bis jetzt sind Sie die Einzige in diesem Haus, die das will!" Ich sagte: „Das stimmt so nicht, denn die drei Kolleginnen am Tisch gehen auch mit!"

Die Chefin, Fräulein Schneider, die etwa 50 Jahre alt war, lief zu unserem Tisch, sah die drei Mitarbeiterinnen an und fragte jede einzeln, ob sie demonstrieren gehen will. Und man wird es nicht glauben: Jede sagte: „Nein, ich will nicht demonstrieren!"

Damals habe ich etwas gelernt: Glaube nicht blind! Verlasse dich nur auf dich selbst!

Erwähnen möchte ich, dass ich dann als Einzige in der Firma Knoll demonstrieren gegangen bin. Andererseits kann ich es verstehen, dass viele Mitarbeiter Angst um ihren Arbeitsplatz hatten.

Auf der Suche nach dem „Vielfraß"

1954: Die Weilers sind angenehme Mitbewohner in unserem Zweifamilienhaus und etwa 55 bis 60 Jahre alt. Er arbeitet in der BASF, sie ist zuhause, und ich habe die Angewohnheit, morgens die Türen offen zu halten. Wenn Frau Weiler die Treppe herunterkam, konnte sie an meiner offenen Tür einfach nicht vorbeigehen. So erfuhr ich schon am frühen Morgen sämtliche Neuigkeiten. Sie redete liebend gerne und interessierte sich für den neuesten Klatsch in unserer Straße.

An diesem Tag war sie ziemlich aufgeregt, um nicht zu sagen: empört! „Stell dir vor, mein Alter verhält sich in letzter Zeit eigenartig!" Man muss wissen: Nachdem die Weilers abends gegessen haben, setzte er sich immer aufs Fahrrad und besuchte eine Gaststätte. Sie erzählte mir, sie habe drei Fische gebacken, Heringe, von denen einer übrig geblieben sei. Sie hätte ihn auf einen Teller gelegt und auf den Kühlschrank gestellt.

„Heute Morgen habe ich meinen Augen nicht getraut! Der Hering war bis auf den Kopf vollständig abgenagt – ein blankes Gerippe! Was soll ich da machen?! Ihn fragen?!" Dann hatte sie eine Idee: „Nein, ich stelle ihm Fallen! Ich bin gespannt, was er noch so macht. Mein Mann ist doch nicht mehr normal!"

An einem Morgen nicht viel später stand Frau Weiler wieder in der offenen Tür und berichtete mir: „Das muss ich dir erzählen! Auf einen Teller habe ich ein Stück Blutwurst gelegt und ein Stück Leberwurst – und habe die Wurst nicht abgedeckt. Und heute früh war die Wurst an allen Ecken angebissen! Wie soll man sowas verstehen?! Mein Mann könnte doch die ganze Wurst essen, warum beißt er nur rein?" Da wusste ich leider auch keine Antwort.

Und dann hat sich alles aufgeklärt. Frau Weiler stand wieder bei mir an der Tür – und machte ein ganz bedeppertes Gesicht! „Stell dir vor…", berichtete sie, „ich sitze auf dem Sofa und grübele so vor mich hin. Und was sehe ich?! Von der Spüle her kommt eine ganz kleine Maus und springt auf den Stuhl und sieht sich um! Jetzt habe ich ja meinem Mann Unrecht getan!"

Ich habe mich über diese Geschichte sehr amüsiert – aber eine Maus in der Wohnung? Mein Bruder eilte gleich herbei – mit einer Mausefalle!

Der Vielfraß wurde gefangen.

(K)ein Mittel gegen Katzen?!

Es gibt Tage, an denen passiert gar nichts – oder man denkt, es ist Gott sei Dank mal nichts passiert! Bei einem Rückblick aus heutiger Sicht fallen einem allerdings Kleinigkeiten auf, die vielleicht doch erwähnenswert sind.

Wenn ich nachts auf einmal wach werde und darüber nachdenke, was das wohl gerade war, was mich geweckt hat, dann gehe ich der Sache besonders gründlich nach, denn schlafen kann ich dann sowieso nicht mehr. Genau so etwas passierte mir an einem Dienstag im Jahr 1954:

Um 2 Uhr nachts werde ich plötzlich hellwach!

Es ist schon Gewohnheit: Herr Weiler schleicht ganz leise die Treppe hinauf, damit man in der Nacht nicht mitbekommt, dass er total betrunken ist. Wie gesagt, jeden Tag das gleiche, bis zu jenem Dienstag! Da höre ich den beschwipsten Mann schimpfen. Wieso und warum? „Ihr Drecksviecher, eich dreh' ich de Hals rum! Wenn ich ä Gewehr hätt', däd' ich eich abschieße'! Aber es bassiert glei' was!"

Etwas neugierig bin ich ja schon – also beobachte ich jetzt, was hier eigentlich vor sich geht. Mir bietet sich das folgende Bild: Mitten auf der Kreuzung der Straße vor unserem Haus befinden sich drei Katzen, und die verbreiten einen unheimlichen Lärm – und der Herr Weiler nimmt an, wenn er rumschreit, dann gehen die weg! Doch die Tiere denken gar nicht daran! Was macht er nun? Er füllt eine Milchkanne mit Wasser und wirft sie in Richtung der Katzen! Es scheppert ganz schön, denn er hat die Kanne intelligenterweise gleich mit hinunter geworfen! Die Katzen schreien weiter, Herr Weiler schimpft wie ein Rohrspatz und wirft die nächste Kanne gleich hinterher! Dann brüllt auch noch Frau Weiler mit ihrem Mann herum! Nachbarn werden auf die Geschehnisse aufmerksam und gesellen sich auf der Straße hinzu. Das Ende vom Lied: Die Kannen der Weilers sind allesamt verbeult, so dass man sie nicht mehr benutzen kann!

Inzwischen ist es 3 Uhr morgens. Die Katzen hört man noch immer. Ich denke, dass ich trotzdem bald einschlafen kann!

Der Kampf mit dem Messermann

Es ist das Jahr 1955, ich bin 25 Jahre alt. In der Nachbarschaft wohnt eine junge Frau, die wie ich ebenfalls ein Kleinkind hat. Wir treffen uns mit den Kinderwagen und gehen an diesem Sonntag spazieren. Die Frau war ein Flüchtlingsmädchen und hat den U. geheiratet. Der Vater von U. war ein Säufer, ich kannte die Familie! Die Oppauer gaben ihm einen Spitznamen, den ich aber nicht nennen will. Und damit mich niemand falsch versteht: Wir lebten in einer anständigen Gegend! Diese junge Familie wohnte also bei dem Schwiegervater im Haus, und der machte den Jungen das Leben schwer – durch die Sauferei!

Zur Zeit war U. auf Montage, so dass sich die junge Frau mit Kind und Haushälterin allein im Haus aufhielt – und mit ihrem Schwiegervater! Am späten Nachmittag gingen die Frau und ich nach Hause. Die Familie wohnte vis-à-vis von uns. Später, es war schon dunkel, hörte ich von der Straße her auf einmal viele Stimmen! Ich öffnete das Hoftor und sah das hell erleuchtete Fenster, man sah den ganzen Schlafraum! Die junge Frau, an deren Namen ich mich nicht mehr erinnere, war mit einem Stuhl bewaffnet und stand abwehrend in einer Ecke. Vor ihr stand ihr Schwiegervater, er hatte ein riesiges Schlachtermesser in der Hand und schrie: „Dich bringe ich um! Ich schneide dir den Hals durch! Du betrügst den U., jetzt wirst du das büßen, du Drecksau!"

Mit einem Blick schätzte ich die Lage ein. Vor dem Fenster standen inzwischen mindestens 15 Personen, von denen ich manche kannte. Ich rannte also hin und fragte: „Wollt ihr nicht helfen? Hat jemand die Polizei gerufen?" – Nein. Sie standen herum und warteten, dass der Mann zusticht... Und auf dem Bett lag das kleine Kind! Was habe ich gemacht? Ich habe überhaupt nicht überlegt! Ich stürmte in die Wohnung – Gott sei Dank hat die Haushälterin die Tür aufgemacht! Der Schwiegervater stand mit dem Messer vor dem hingehaltenen Stuhl und drängte ins Eck zu der jungen Frau, die um Hilfe schrie!

Ich kam gerannt, sprang mit einem Satz dem Angreifer auf den Rücken, umklammerte mit beiden Armen seinen Hals und rief in Richtung der Frau: „Raus, nimm das Kind und raus!" Das hat geklappt! Mutter und Kind waren aus der Gefahrenzone. Jetzt stand ich da und musste irgendwann meine Arme lösen. Der Schwiegervater war stark, und er schrie: „Dich bring' ich um!" Er hatte alle möglichen Schimpfwörter für mich. Doch ich konnte nicht einfach loslassen, denn ich wusste nicht, wie schnell er sich umdrehen würde, und das große Messer hatte er immer noch bei sich! Ich habe der Haushälterin zugerufen, dass sie die Türen öffnen soll.

Es dauerte und dauerte, dann gab ich ihm einen Stoß und einen Tritt – und ich rannte, rannte und rannte in unser Haus! Kurze Zeit später stand der Mann vor meinem Fensterladen und schrie, dass er mich umbringt! Ich ließ ihn schreien.

Ich erzählte alles meinem Vater, der gleich alt war wie dieser Mann. In nächster Zeit ging der ihm aus dem Weg… Vater sagte: „Er ist ein guter Maurer. Dass er so säuft, das ist sein großes Problem." Irgendwann hat der Mann mich wieder gegrüßt.

Dieser Fall könnte nun erledigt sein, aber nicht für mich! Die junge Frau besuchte mich, und ich sagte ihr, dass ich von ihrem Verhalten doch überrascht bin: Ich machte ihr klar, dass ich nicht mehr mit ihr spreche, wenn sie weiterhin bei ihrem gewalttätigen Schwiegervater wohnen bleibt! Ich wusste nämlich, dass sie auch bei ihrer Mutter im Nachbarort hätte leben können! Es spricht sich ja herum, dass der Alte ständig betrunken ist und herumschreit und ihr damit droht, sie umzubringen. Ich sagte zur jungen Frau: „Entweder du ziehst dort aus, dann hast du meine volle Unterstützung – oder du bleibst, aber dann rede ich mit dir kein Wort mehr!"

Sie blieb.

Ich habe niemals mehr mit ihr gesprochen, obwohl ich sie täglich sah.

Rumpelstilzchen in Gummistiefeln

Elvira hat noch mal geheiratet und mich zu ihrer Eheschließung eingeladen. Ich bin nicht mit ihr verwandt, aber war gut mit ihr bekannt. Elvira war schon mit 27 Jahren Witwe, ihr Mann war im Krieg gefallen. Ihre beiden Kinder hat sie allein groß-gezogen. Nun hat sie im „fortgeschrittenen" Alter von vierzig Jahren einen neuen Partner gefunden! Ich war zu dem Zeitpunkt fünfundzwanzig.

Die Feier fand im Stadtteil Nord, also im Hemshof, statt. Über den Bräutigam will ich nicht viele Worte verlieren. Meine Schwägerin, E., mit der ich immer gut auskam, war auch dabei! Sie war mit ihren Verwandten eingeladen. So saßen wir alle beisammen und haben irgendwann überlegt, wem der Bräutigam eigentlich ähnlich sah. Ich sagte: „Rumpelstilzchen!" Meine Schwägerin meinte: „Hotzenplotz!" Und wir haben gelacht... „Rumpelstilzchen" hat an diesem Abend viel Bier getrunken, er hat auch viel Wein getrunken – und überhaupt: „Rumpelstilzchen" hat einfach alles getrunken! So kam es dann, wie es kommen musste...

Plötzlich gab es ein Gerenne! „Weg, weg, lasst ihn vorbei!" „Rumpelstilzchen" humpelte zur Tür hinaus – und fort war er! Nach längerer Zeit kam der Bräutigam zurück. Uns fiel auf, dass er nur noch nuscheln konnte: „Sch...Zäää h sin' noi g'falle!" Also auf deutsch: Die Zähne sind in die Toilette gefallen!!! Sein Gebiss ward vermisst!

Nun muss man wissen, dass diese alten Häuser im Hemshof noch vor dem Krieg entstanden sind, die Toiletten befanden sich zwischen den Stockwerken. So etwas kann man sich heute kaum noch vorstellen. Wenn da etwas in die Toilette fiel, dann war es verschwunden! Und jetzt sind seine neuen Zähne da hineingefallen! Was geschieht nun?

Als ich den Bräutigam wiedersah, hatte er Gummistiefel an, in der Hand hielt er einen „Kescher"! Das ist ein langer Stiel mit einem „Fangsack" – und mit diesem wollte er jetzt seine Zähne herausfischen! Das war ein Bild! Triumphierend kam er schließlich zurück, und wir hörten: „Ich hab' se!" – „Ja, hosch se schon anprobiert, ob des a deini sin'?" Nach einer Weile kam er wieder und gab ernüchtert bekannt: „Die basse net, die gehöre äm annere!" Mit der Zeit hat der Bräutigam sage und schreibe drei Gebisse aus dem Klo geangelt – und keines hat gepasst!

Das ist eigentlich alles sehr traurig, aber meine Schwägerin hat mich nach Jahrzehnten angerufen und gesagt, sie hätte in ihrem ganzen Leben noch nie so gelacht wie damals mit mir! Es war ja auch so, die Situation war so urkomisch, dass wir mit dem Lachen einfach nicht mehr aufhören konnten.

Zum Schluss kann ich ein Happy End verkünden: Nach langer Zeit hat „Rumpelstilzchen" dann doch noch seine eigenen Zähne geangelt!

Wie ich mein Café baute

Vielleicht erinnern sich noch ein paar ältere Menschen daran, dass es in Oppau das Café West gab. Es lag ganz im Westen des Ortes, daher habe ich spontan diesen Namen gewählt, als ich mir mit dem Architekten die Baupläne ansah.

1956 habe ich das Café gemeinsam mit meinem Vater gebaut. Wenn ich sage, dass ich es mitgebaut habe, so stimmt das, denn an der Erstellung des Rohbaus war außer uns kein anderer Mensch beteiligt. Wir haben mit dem Spaten und der Schippe den ganzen Keller ausgegraben – erst dann haben wir die große Mauer, hinter der das Grundstück lag, abgerissen. Erst jetzt konnte jeder sehen, dass sich hier was tut! Das Ausgegrabene ließ ich abfahren, und bei dieser Gelegenheit habe ich meinem Vater sagen müssen, dass ich kein Geld habe, denn mein damaliger (erster) Mann arbeitete in Schweden, und Geld schickte er nur sporadisch.

Vater hatte schon immer einen gewissen Geiz. Ich nehme an, dass es ihm imponierte, wie ich die Sache anging, und nur deshalb habe ich 500 DM von ihm bekommen. Ich versprach, dass ich bei meinen ersten Einnahmen das Geld zurückzahle, was ich auch tat. Ich nehme auch an, dass meinem Vater die Arbeit gefiel, und ich muss sagen, dass wir gut miteinander arbeiten konnten.

Nun war die große Mauer zur Straßenseite also weg, und jeder sah die Baustelle. Die alten Oppauer blieben stehen, und es entwickelte sich fast immer der gleiche Dialog mit meinem Vater: „Her, Phil'p, was gibt denn des?" – „Des gibt ä Schuhg'schäft!" In Oppau machte es die Runde – do gibt's ä Schuhg'schäft! Dass an dieser Stelle gerade das „Café West" entsteht, das hätte wohl keiner geahnt!

Vater und ich haben die Fundamente eingeschalt mit den schweren, alten Dielen. Das war nicht so schön, vor allen Dingen war es schwere Arbeit! Wir haben den Beton mit der Hand angemacht, es gab keine Maschine. Wer das noch nicht gemacht hat, kann sich nicht vorstellen, wie schwer das ist! Aber wir waren immer gut aufgelegt, und es wurde viel gelacht. Wie gesagt, ich glaube, meinem Vater machte die Arbeit mit mir Spaß. Ihm konnte man nur imponieren, wenn man arbeitet. Mein jüngerer Bruder, inzwischen zwanzig Jahre alt, war zu dieser Zeit beruflich – wie auch mein Mann – in Schweden. Als er zurückkam, war der Rohbau fertig!

Meine Tochter war damals noch ein kleines Kind, und sie hat gerne auf der Baustelle gespielt, und den Larry, unseren Hund, gab es auch schon. Ich muss erwähnen, dass mein Vater zwar viel gearbeitet hat, aber es musste pünktlich gegessen werden. Ab 11 Uhr sah er öfters auf seine Uhr und machte mich darauf aufmerksam, dass ich das Essen vorbereiten muss.

Und jetzt will ich mal von einem bestimmten Tag erzählen: Also, ich rannte in die Küche, holte fünf Schnitzel aus dem Kühlschrank, und die wurden dann geklopft und paniert. Dann ließ ich die Schnitzel auf dem Küchentisch liegen. Zum Backen war noch Zeit, so dass ich wieder zur Baustelle lief und weiterarbeitete. Zehn Minuten vor 12 Uhr sagte mir Vater Bescheid, und ich rannte wieder zur Küche, um die Schnitzel zu backen. Wie gesagt, bei mir ging immer alles sehr schnell.

Also rein in die Küche, an den Tisch – und dann war ich sprachlos! Der Tisch war gänzlich blank! Von Schnitzeln keine Spur... Ich zweifelte an mir, ob ich die Schnitzel überhaupt paniert hatte. Kühlschrank auf, keine Schnitzel... und dann kommt mir auf einmal Larry in den Sinn! Ich schreie ganz laut „Larry!" – und er kommt mit eingezogenem Schwanz und guckt mich an! Er wusste genau, warum ich gerufen hatte. Vater kommt zum Essen, und ich erzähle ihm die Story, und was haben wir gemacht?! Wir haben gelacht... und haben eben etwas anderes gegessen! Aber Larry wedelte mit dem Schwanz und freute sich! Meine Tochter kam dazu und lobte ihn, wie schlau er doch sei, und das hat ihm gefallen!

Fünf Schnitzel, das ist sehr viel für einen Hund...

Für Larry war es ein Feiertag!

Ein Bayer in Oppau

1958/59: Er kam jeden Tag – ich hatte mich schon an ihn gewöhnt. Es war immer gegen 20 Uhr, als dieser Mann das Café betrat. Dann bewegte er leicht den Kopf, und das galt dann als „gegrüßt". Er setzte sich an einen Tisch, bestellte ein Bier, und wenn das getrunken war, verließ er das Café, bewegte wieder seinen Kopf in meine Richtung – und verschwunden war er! So ging das über sechs bis sieben Monate! Er sah mich dabei kaum an und sprach auch kein Wort mit mir!

Dann geschah etwas, es war an einem Montag! Das Café hatte ich eigentlich geschlossen, und ich habe gründlich geputzt. Die Stühle standen verkehrt herum auf den Tischen, und ich war voll bei der Arbeit! Da klopfte es an der Tür, und das am frühen Morgen! Ich hatte nicht die Absicht zu öffnen, schließlich war Ruhetag, aber das Klopfen wurde immer hartnäckiger! Also habe ich die Tür geöffnet, und wer steht da? Der tägliche Besucher! Er war übrigens um die 45 Jahre alt und untersetzt, man könnte auch sagen: ein gestandenes Mannsbild! Bei ihm waren zwei ältere, schwarz gekleidete Personen – die mir als seine Eltern vorgestellt wurden!

Der mir bekannte Gast hat jetzt seine Sprache gefunden und gefragt, ob sie hereinkommen könnten! Ich wusste nicht, was ich von diesem „Überfall" halten sollte. Der Sohn erklärte mir, dass seine Eltern mein Café besichtigen wollen, damit sie sich ein Bild auch von mir machen können! Ich war sprachlos…

Ich will mal die Eltern beschreiben: Sie kamen aus Bayern. Schätzungsweise waren sie 75 Jahre alt und tief schwarz angezogen, also: schwarze Kleidung, schwarze Hüte und Schuhe, man hätte annehmen können, sie wollten zu einer Beerdigung! Was ich damals nicht gleich wusste: Sie wollten tatsächlich zu mir! Aber warum?!

Ich habe ihnen nichts angeboten, nicht mal einen Stuhl oder ein Getränk! Nun liefen die drei Personen im Café herum und schauten in jedes Eck, an die Decke, das Holz wurde geprüft, und der Sohn stand immer nur dabei. Ich hatte inzwischen eine ziemliche Wut... auch weil ich mir so hilflos vorkam! Es wurde kaum etwas geredet! Ich holte mir Wasser und begann, Fenster zu putzen. Dann kam meine kleine Tochter in den Raum – und auch die wurde begutachtet: „a lieb's Madel!" Irgendwann war der Spuk vorbei!

Am nächsten Tag wartete ich auf den Sohn. Freude-strahlend und lachend kam er zur Tür herein, gleich zu mir her und fing sofort an zu reden: „Also i hob meine Eltern g'fragt, was sie von Ihne' halde däden, un' Sie sin' mit Ihne' eiverstande'!" Er ergänzte: „Aja, i musst' erst mol die Eltern frage'!" Jetzt ließ ich ihn nicht mehr weiterreden! „Sagen Sie mir um Gottes Willen, um was geht's denn hier überhaupt?!"

Da ließ er die Katze aus dem Sack: „I hob meinen Eltern g'sagt, dass i Sie heirade' will, weil Sie wäre' die Richtige!"

Er erklärte weiter: „Sie müsse' wisse', mir han 'ne große Gaststätt' und ä Metzgerei! I hob Metzger g'lernt, und Vater will, dass i die G'schäfte jetzt übernehm', und dazu brauch' i die richtige Fra'! Und Sie sin' die Richtig'!" Dann ließ er mich noch großzügig wissen: „Und die Eltern sage', das Madel kann a mitkumme!"

Ich konnte es kaum fassen! „Moment! Eine Frage! Sie haben mit mir noch kein Wort gesprochen, und Sie haben mich nicht gefragt, ob ich Sie überhaupt heiraten will!" Da unterbrach er mich und sagte: „I musst' erst mol mei' Eltern frage', ob Sie mit Ihne' eiverstande' sin'!"

Ich hätte gerne gelacht – aber mir ist das Lachen im Hals stecken geblieben! Und bevor irgendwelche Missverständnisse aufkommen: Natürlich hatte ich kein Interesse! Ich habe ihm gesagt, dass ich gerade frisch geschieden bin und dass ich nicht wieder vorhabe, zu heiraten!

Ein zweifelhaftes Geschäft

Es war um das Jahr 1960. Ab und zu kam ein Paar in mein Café, das angeblich in Oppau lebte. Die beiden waren um die 40 Jahre alt, mir jedoch nicht näher bekannt. Sie saßen zwei bis drei Stunden am Tisch, tranken etwas und redeten nicht viel. Manches Mal hatte ich das Gefühl, dass der Mann leise weint und die Frau dann auf ihn einredet.

Eines Abends kamen sie wieder, diesmal zu dritt. Das Paar hatte einen Begleiter dabei, der ebenfalls vielleicht 40 war. Diesmal wurde viel geredet. Durch die Bedienung ließ man mir ausrichten, ich solle doch mal an ihren Tisch kommen! Neugierig war ich ja schon! Also setzte ich mich zu ihnen. Da eröffneten sie mir, dass sie für das, was sie vorhätten, einen Zeugen bräuchten – und da hätten sie mich als würdig befunden, eben dieser Zeuge zu sein! Ich war erstaunt, was hatte diese Runde wohl vor?

Der mir fremde Mann war der Wortführer: „Also, die Sache ist so… Mein Name ist Maier, und die zwei Herrschaften sind das Ehepaar Schmidt". Er hat wirklich von „Herrschaften" gesprochen! Er setzte fort: „Wir haben eine Vereinbarung getroffen, und Sie als Zeugin sollen bitte mit unterschreiben." Ich war sehr gespannt, was da auf mich zukam. „Also wir haben Folgendes vereinbart, ich habe das auch schon fertig zu Papier gebracht: Frau Schmidt zieht für vier Wochen zu mir in mein Haus."

In dem Moment, als er das vorlas, brach Herr Schmidt hemmungslos in Tränen aus.

Seine Frau wollte ihn trösten und sagte wiederholt: „Ich komme ja wieder, glaube mir, wenn die vier Wochen rum sind, bin ich wieder bei dir! Ich liebe dich doch!" Und Herr Maier las weiter vor: „Sobald Frau Schmidt ihre Bereitschaft erklärt und vom Stuhl aufsteht, lege ich 5.000 DM auf den Tisch – ist als Entschädigung gedacht!"

Herr Schmidt sagte ein paar Mal leise in die Richtung seiner Frau: „Dass du mir das antust..." Maier schob mir das Schreiben zu und schob gleichzeitig das Geld zu Herrn Schmidt. Wie sprachlos ich war, das kann ich heute gar nicht richtig beschreiben!

Da stand ich auf und sah empört in diese Runde: „Wenn jemand glaubt, dass ich bei so einer miesen Sache mitmache, der hat sich getäuscht!" Und ich legte nach: „Von Moral will ich gar nichts sagen, schließlich kann jeder machen, was er will! Aber es ist doch so: Sie, Herr Maier, und Sie, Frau Schmidt, machen doch, was Sie wollen – und Ihnen ist es doch völlig egal, wie der Mann unter dieser Geschichte leidet!"

Maier stand auf und sagte in die Richtung von Herrn Schmidt: „Wir gehen. Sollen wir dich noch zu deiner Wohnung fahren?" Da mischte ich mich ein:

„Herr Schmidt, bleiben Sie noch etwas, später können Sie mit einem Taxi heimkommen. Und das Geld würde ich an Ihrer Stelle schnell einstecken, vielleicht brauchen Sie es noch, für die Scheidung!"

Ich habe mich noch einige Zeit mit Herrn Schmidt unterhalten, bis er sich einigermaßen beruhigt hatte.

Von den dreien habe ich nie wieder etwas gehört.

Das herrenlose Fahrrad

Zu den denkwürdigen Begebenheiten, die sich im Café West ereignet haben, gehört ein Vorfall, über den ich nun berichten möchte.

Ab und zu kam ein junger Mann ins Café, der jedes Mal sein Fahrrad vor der Tür abstellte, ein Bier trank und wieder ging. Wie gesagt: ab und zu! Eines Nachmittags kam er wieder und setzte sich an einen Tisch, den ich von der Theke aus gut einsehen konnte. Es war offensichtlich, dass er auf jemanden wartete. So war es dann auch! Herein kamen drei junge, solide aussehende Männer, die gleich zum Tisch liefen und sich begrüßten. Dann haben sie geredet und geredet, es schien um etwas Wichtiges zu gehen. Sie haben Lachsbrot bestellt, haben später auch Kuchen gegessen und sind bis ungefähr 22 Uhr geblieben.

Ab und zu habe ich ein Wort aufgefangen, und überhaupt: Wenn sie sich in Rage redeten und etwas lauter wurden, hörte ich öfter den Begriff „Fremdenlegion". Ungefähr um 22 Uhr fragten mich meine Gäste, ob ich ein Taxi für sie bestellen würde, was ich auch tat. Sie haben sich freundlich verabschiedet – und ich habe sie niemals mehr gesehen. Am nächsten Morgen stellte ich fest, dass dieses Fahrrad noch an seinem Ort stand! Ich dachte, das hat er bestimmt vergessen! Doch das Fahrrad stand und stand…

Nach einer Woche kam eine junge, bescheiden wirkende Frau ins Café und fragte ganz schüchtern, ob sie mich mal etwas fragen könne. Ja, klar!

„Ist mein Mann bei Ihnen?" – „Warum glauben Sie denn, dass Ihr Mann bei mir ist? Wie kommen Sie auf sowas?" – „Weil sein Fahrrad vor Ihrem Café steht und weil ich weiß, dass er öfter bei Ihnen ein Bier getrunken hat, und er sagte, Sie wären so eine nette Frau!"

Darauf schlug ich vor: „Kommen Sie mal rein, dann unterhalten wir uns...", und plötzlich fiel mir etwas ein! Ich berichtete ihr von dem Tag, als die vier Männer hier waren, und dass ich am Ende ein Taxi bestellt habe. Und dass vorher viel über die Fremdenlegion gesprochen wurde! Die junge Frau fragte mich, ob sie von jetzt an öfter bei mir vorbeisehen könnte, weil sie glaubt, dass ihr Mann vielleicht sein Rad abholen würde – was ich allerdings nicht glaubte!

Sieben Monate später kam die Frau noch mal zu mir, es war das letzte Mal. Sie teilte mir mit, dass sie keine Nachricht mehr von ihrem Mann erhalten hat. Sie nimmt jetzt an, dass er nicht mehr bei ihr bleiben will – und dass er deswegen in die Fremdenlegion eingetreten ist!

Sie will nun die Scheidung einreichen.

Ein Gast, auf den ich wartete

Eine Geschichte, die mich bis heute nachdenklich stimmt, betrifft ebenfalls einen jungen Mann, der mein Café gelegentlich besuchte. Jedes Mal trank er Cola oder Kaffee und blieb vielleicht 40 Minuten, länger nicht. Einmal unterhielten wir uns besonders gut, so dass ich mich an diese Begegnung noch genau erinnere. Doch dann kam er auf einmal nicht mehr!

Da der Mensch ein Gewohnheitstier ist, wie mein Vater zu sagen pflegte, und ich mich inzwischen an ein Leben ohne diesen Gast gewöhnt hatte, habe ich ihn irgendwann vergessen. Doch eines Tages ging die Tür auf – und er war wieder da! Ich habe mich so gefreut, ihn wieder zu sehen, dass ich ihm gleich entgegengelaufen bin: „Ich habe Sie sehr vermisst! Wo waren Sie nur die ganze Zeit?" Mein Gast erzählte: „Was ich Ihnen jetzt sage, das werden Sie kaum glauben!"

Ich setzte mich mit ihm an einen Tisch, und er berichtete: „Als ich vor sieben Monaten von meiner Arbeit kam, wartete schon die Polizei auf mich! ,Sind Sie der Herr Müller?' – ,Ja, der bin ich' – ,Dann sind Sie hiermit verhaftet!' – ,Wieso, wieso?' – ,Wir haben einen Haftbefehl, alles andere erfahren Sie auf dem Revier!'"

Der Mann erklärte weiter: „Bei dem ersten Verhör erfuhr ich schließlich, was man mir vorwarf. Am besten wäre es, wenn ich gleich die Wahrheit sage und zugebe, dass ich der gesuchte Kinderschänder bin! Sie haben mich laufend verhört, auch nachts, man zeigte mir Bilder von dem Gesuchten, und man sagte, das wäre ich!"

Als ich das hörte, fehlten mir beinahe die Worte. Und der junge Mann meinte: „Ich muss ja zugeben, der Gesuchte sieht mir tatsächlich ein bisschen ähnlich… und so gingen sieben Monate ins Land. Gestern brachten sie mir dann meine Kleider, ich könne gehen, ich sei entlassen!" Und warum so plötzlich? Tja, sie hatten den Richtigen gefunden! Zum Glück!

Da war ich ziemlich geschockt, denn wenn so etwas möglich ist, dann kann das wohl jedem Bürger passieren?!

Ein wirklich guter Rat

Im Café bekam man es mit der Zeit auch mit dem einen oder anderen etwas zwielichtigen Gesellen zu tun. Von einer solchen Begebenheit soll im Folgenden berichtet werden.

Während des Tages war bei mir im Café fast nichts los, so dass ich oft erst um 14 Uhr die Tür öffnete. Dann erledigte ich erst mal meine Buchhaltung. So war es auch an jenem Freitag. Auf einmal stürmte ein junger Mann, höchstens 17 Jahre alt, durch die Tür und ließ sich neben mir auf einen Stuhl fallen. Er war außer Atem! Ich fragte ihn, was los sei.

„Sie müssen uns helfen, meine Freunde haben mich vorgeschickt!" – „Na, erzähl mal!" – „Also, ich muss Ihnen gleich sagen: Wir werden von der Polizei gesucht!" – „Und was habt ihr angestellt?!" – „Wir haben in Wachenheim ein paar Wochenendhäuser aufgebrochen, und wir haben darin den Alkohol getrunken! Aber wir wurden von einigen Bewohnern angezeigt, und plötzlich war die Polizei da. Wir konnten noch abhauen, aber jetzt wissen wir nicht, wohin!"

Der Jugendliche berichtete weiter: „Wir sind jetzt in so einer Ruine, wissen aber nicht weiter. Einer unserer Freunde hat gesagt, wir brauchen jemanden, dem wir vertrauen können, und so sind wir auf Sie gekommen! Sagen Sie uns, wie wir uns verhalten sollen!"

Ich brauchte gar nicht lange zu überlegen, welchen Rat ich ihm geben würde, und sagte zu ihm:

„Früher oder später findet euch die Polizei, das ist mal klar! Deshalb mache ich folgenden Vorschlag: Sie gehen von hier aus zur Polizei und verlangen dann den Herrn Kolbenschlag. Ihm richten Sie einen Gruß von mir aus und sagen ihm, dass ich Ihnen geraten habe, dass Sie ihm Ihre Geschichte erzählen!" Der „Übeltäter" hörte mir aufmerksam zu, und ich sagte noch: „Sie werden viel Verständnis finden, ihr seid Jugendliche, und wenn ihr euch selber stellt, wird das alles nicht so schlimm ausgehen!"

Später habe ich einmal mit Herrn Kolbenschlag, der ein sehr beliebter Polizist im Ort war, über diese Jugendlichen gesprochen. Er sagte, sie hätten sich alle gestellt! Und sie sind glimpflich davongekommen...

Konfirmanden im Einsatz

Mit Jugendlichen, allerdings sehr netten, bekam ich es auch an einem Sonntagnachmittag im Jahr 1958 zu tun. Mehrere junge Männer betraten das Café, und man erkannte an ihrer Kleidung gleich, dass sie Konfirmanden waren! Alle waren sie sehr fröhlich, tranken Kaffee und Coca-Cola und haben dazu Kuchen gegessen. Auch für mich war es ein wunderschöner Sonntag! Ich hatte mich bereits daran gewöhnt, dass diese jungen Menschen ab jetzt jeden Sonntagnachmittag in mein Café kamen, und jedes Mal herrschte eine ausgelassene Stimmung. Mit der Zeit kannte ich alle mit Namen.

Eines Tages passierte dann Unerhörtes! Es war bereits 1 Uhr morgens, Feierabend, und die Tür stand schon länger auf, ganz nach meiner Gewohnheit. Vier junge Männer, die zu der Gruppe der mir bekannten Konfirmanden gehörten, wollten gerade als letzte gehen, ihr VW stand direkt vor der geöffneten Tür. Ich sah noch, wie sie ins Auto stiegen, und ich wollte die Ladentür jetzt schließen…

Da trat von hinter der Tür kommend ein großer Mann hervor, den ich die ganze Zeit überhaupt nicht bemerkt hatte! Er war mir fremd! Schnell kam er auf mich zu und forderte: „Gib das Geld her!" Ich hatte die Kassette mit dem Geld schon in der Hand, denn ich wusste in dem Moment, dass ich gegen diesen Mann machtlos war… wenngleich ich einen „Totschläger" in einer Schublade deponiert hatte! Den hätte ich so schnell aber bestimmt nicht gefunden!

In dieser misslichen Lage dachte ich mir: Wenn ich doch nur rufen könnte... denn der VW stand noch draußen!

Als hätten sie es geahnt, kamen urplötzlich die vier jungen Männer hereingestürmt, stürzten sich auf diesen Kerl, ohne einen Ton von sich zu geben, schoben ihn aus dem Café und sagten mir noch, ich solle zuschließen! Sie hatten vom Auto aus gesehen, wie dieser Mann mich angreift!

Die Polizei wurde nicht gerufen – die Situation war geklärt.

Rififi

Wirklich interessant war das, was sich um 1958/59 bei mir abspielte. Einmal hatte ich Gäste im Café, die sich als „Gangster" aus Chicago ausgaben – und die richtig verärgert waren, als ich ihnen das nicht glaubte! Was man heute jedoch gar nicht mehr weiß, ist, dass wir in dieser Zeit auch bei uns in Ludwigshafen Jugendbanden hatten. Sie waren berüchtigt dafür, dass sie Lokale zusammenschlugen. Es gab Gastwirte, die richtig Angst hatten! Eigenartigerweise machte ich mir nie Gedanken über diese Jugendlichen, obwohl ich mein Café ganz allein betrieb. Es war kein schützender Mann an meiner Seite, ich hatte in dieser Zeit gerade meine Scheidung auf den Weg gebracht!

Spät abends, nach der Sperrstunde, kam mehrmals pro Woche Herr Kolbenschlag vorbei, der beliebte Polizist, der dann bei mir nach dem Rechten sah. An manchen Abenden saß auch mein Vater im Café. Er hatte Angst, dass ich durch die Banden auch einmal Schwierigkeiten bekommen könnte. Aber bei mir blieb alles friedlich. Bis jetzt!

An einem Tag war das Café wieder einmal gut besucht. Ich stand gerade hinter dem Buffet. Da ging die Tür auf, und ich habe sofort, als ich die vielen Kerle sah, gewusst, dass es die Bande „Rififi" ist. Das war eine Rockerbande, die ihren Spitznamen aus einem französischen Krimi entlehnt hat. Der erste, der hereinkam, war groß, hatte breite Schultern, die anderen kamen im Gänsemarsch hinterher!

Ich flitzte von hinter dem Buffet hervor, stellte mich vor den Anführer und sagte zu der Gruppe: „Halt! So wie ihr da reingekommen seid, könnt ihr gleich wieder gehen!" Dann wandte ich mich direkt an den Anführer, der schätzungsweise 25 Jahre alt war: „Und Sie bleiben bei mir, wir reden! Wir setzen uns jetzt an den Tisch!" „Rififi" sagte seinen Leuten, dass sie rausgehen sollen. Wir setzten uns, ich fragte, was er denn trinken wolle. Bier! „So, ich habe sofort gewusst, dass Sie ‚Rififi' sind, obwohl ich Sie mir anders vorgestellt habe." Dann sagte ich: „Wissen Sie eigentlich, dass Sie ein gutaussehender junger Mann sind? Wenn ich mir Sie so ansehe, kann ich das alles gar nicht glauben, was ich über Sie schon gehört habe… naja, man soll ja auch nicht alles glauben!"

„Rififi" schien aufmerksam zuzuhören, und ich fragte ihn: „Wieso wollen Sie eigentlich mein Café zusammenschlagen? Wer hat Sie beauftragt? Es ist doch so: Wir unterhalten uns gerade, und ich habe den Eindruck, dass wir uns ganz gut verstehen! Und nachher stehen Sie auf und schlagen mit Ihren Leuten alles kaputt?!"

Jetzt sprach „Rififi": „Ach nee, das dürfe' Sie net glawe, ich würd' bei Ihne' nichts tun! Jetzt, wo ich Sie kenneg'lernt hab', würd' ich bei Ihne' nichts tun!" Und dann erklärte er: „Man hat mir 50 Mark gegeben, damit wir hier alles kaputt schlagen!" Dann versicherte mir „Rififi": „Aber Sie brauche' keine Angst zu haben. Wenn Sie in Zukunft mal Schwierigkeiten haben, sagen Sie es mir, und ich helf'

Ihne' sofort!" Abschließend teilte er mir noch mit, wo er anzutreffen ist.

Übrigens weiß ich, wer ihm die 50 Mark gegeben hat, aber ich möchte es nicht schreiben!

Die Tür ging auf, Polizei! Es ist Herr Kolbenschlag. Der Polizist fragte mich: „Haben Sie mit dem Mann Ärger?" Natürlich hatte die Polizei „Rififi" gleich erkannt. „Nein", erklärte ich, „das ist ein Freund von mir! Wir unterhalten uns nur angeregt!" Und so wurde ich mit „Rififi" gut bekannt. Beim Abschied sagte ich: „Ich würde mich freuen, wenn Sie mich wieder mal besuchen würden, aber bitte ohne Ihren Begleitschutz!"

Längere Zeit habe ich nichts von ihm gehört. Eines Abends kam er tatsächlich wieder und blieb gleich an der Theke bei mir stehen. Er grüßte freundlich, trank eine Cola, und ich sagte, dass ich mich freue, dass er wiedergekommen ist. Wir redeten mindestens eine halbe Stunde über Gott und die Welt. Dabei merkte ich, dass er ziemlich intelligent ist! Als wir so am Lachen waren, sagte ich zu ihm: „Wenn Sie nur Ihren Wuschelkopf etwas kürzen würden... ich glaube, das würde Ihnen sehr gut stehen!" Er sagte nichts.

Daraufhin habe ich ihn lange nicht gesehen – bis er eines Abends wieder an die Theke kam! Fast hätte ich ihn nicht mehr erkannt, denn... Tatsächlich: „Rififi" hatte seine Haare gekürzt! Ich sagte: „Mensch, sehen Sie gut aus, was doch so ein Haarschnitt ausmacht!"

Ich machte ihm bewusst Komplimente, weil ich merkte, dass ihm das gefiel. Ab und zu kam er noch. Doch dann kam er nicht mehr.

Viel Zeit verging...

Die Sache ließ mich nicht los. Herrn Kolbenschlag von der Polizei habe ich irgendwann darauf angesprochen. Ich wollte wissen, was man eigentlich von „Rififi" hört.

Er sagte: „Eigenartig – man hört nichts mehr."

Der Angstmann

Um das Jahr 1960: Ich ging mit meiner Tochter wie so oft die Straße entlang, da begegnete uns ein Nachbar, den ich schon lange kannte. Alle Menschen in meiner Umgebung kannten ihn, denn er wuchs als Kind hier auf! Woher er kam, weiß ich nicht, aber auf einmal stand er da! Ich denke, ihm ging es gesundheitlich nicht gut, jedenfalls war er geistig nicht ganz auf der Höhe.

Grausam, wie Kinder sein können, riefen sie ihm nur „Angstmann" hinterher – er war nämlich sehr ängstlich und rannte immer weg! Nun ist er also ein erwachsener Mann, er grüßt, und wenn er mich von Weitem sieht oder mir in der Straßenbahn begegnet, da ruft er ganz laut, damit das jeder hört: „Jouw! Jouw!" Man gewöhnte sich daran – er war ein harmloser Mensch, arbeitete bei der Stadt und kehrte die Straßen.

An besagtem Tag treffen wir ihn mit seiner Frau an, er hatte inzwischen geheiratet. Ein Kinderwagen und ein Baby sind auch dabei. Er stellt uns seine Frau vor. Ich sage ihm, dass ich gehört habe, dass er geheiratet hat, und spreche ihm meinen herzlichen Glückwunsch aus! Als ich seiner Frau die Hand gebe, denke ich für mich: Eigentlich passen die beiden gut zusammen!

Seine Frau grüßte mich fortan immer, wenn sie mich sah, und ich war ebenfalls freundlich zu ihr. Einige Zeit später war ich gerade dabei, meinen Fensterladen zu schließen, als plötzlich die Frau vom Angstmann mit dem Kinderwagen vorbei lief. Ich sagte zu ihr: „Guten Abend!" – woraufhin sie die folgenden Worte sprach, die sich bei mir bis heute eingebrannt haben:

„Naaa, wie, aldi Schnall'?!"

Meine Tochter hat das alles mitgehört! Wir kamen vom Lachen gar nicht mehr weg!

Natürlich darf man sich über so eine Begrüßung nicht ärgern. Man muss die „alte Schnalle" einfach so nehmen, wie sie gemeint war. Ich bin mir sicher: Die Frau vom Angstmann wollte mir damit etwas wirklich Nettes sagen! Ganz bestimmt!

Haus Helga

1961/62: Im Café hatte ich einen Gast, der fast jeden Abend erschien – nüchtern habe ich ihn allerdings noch nicht gesehen! Dennoch war er ein recht netter, ruhiger Zwei-Meter-Mann. Dass er ständig betrunken war, merkte man nicht, denn man kannte ihn ja gar nicht anders! Jeden Abend rief er vom Café aus eine Freundin an, die kam aus Mannheim, um genau zu sein: aus dem „Haus Helga"! Dazu nahm er das Telefon, ging drei Treppen tiefer und hatte dann ein längeres Gespräch mit seiner besagten Freundin. Handies gab es damals noch nicht, so dass er ein normales Telefon benutzen musste. Da hörten viele Gäste begeistert mit, vor allem, wenn er dann auch noch die falsche Nummer gewählt hatte und einfach drauflosredete!

Wir nannten ihn alle nur „Länglich", weil er eben so groß war! Helmut, mein zweiter Mann, den ich inzwischen geheiratet hatte, verstand sich gut mit ihm. Weil „Länglich" so schlechte Zähne hatte, meinte Helmut zu ihm, er solle sie sich mal machen lassen, das käme bei den Damen besser an! Und tatsächlich, er ließ sich neue Zähne anfertigen! Eines Tages kam „Länglich", nahm seine Zähne heraus und zeigte sie reihum. Da fragte Helmut: „Und nachts?" – „Ja, da kommen sie raus!", worauf mein Mann amüsiert feststellte: „Zähne wie Sterne, nachts kommen sie raus!"

„Länglich" hat wirklich oft das Haus Helga angerufen! Und immer sprach er so laut! Viele meiner Gäste hörten das, und manche wollten endlich erfahren, was das eigentlich für ein Haus ist! „Länglich" redete nicht um den heißen Brei herum und erklärte: „Ganz einfach, das ist ein Puff!" Das hat eingeschlagen! Da war was los! Als sich mit der Zeit alles wieder beruhigt hatte, sagte ich: „So, da werde ich jetzt mal anrufen!"

„Länglich" war gerade schon mit dem Taxi unterwegs, hatte aber aus Versehen den Zettel mit der Telefonnummer neben dem Telefon liegen lassen! Als ich dann wirklich zum Telefon schritt, wurde es im Café ganz still… Dann habe ich die Nummer gewählt! Eine Dame nahm den Hörer ab und nannte einen Namen. Welchen, weiß ich leider nicht mehr. Höflich fragte ich: „Entschuldigen Sie bitte, sind Sie die Puffmutter?" Für einen Moment war es in der Leitung ganz ruhig, doch dann legte die Dame los: „Du Wildsau!", „Du Arsch mit Ohre'!", „Pissnelke", „Dreckbele" – was ein Pfälzer Schimpfname ist – und noch einiges mehr! Ich musste mir wirklich was anhören!

Jetzt regten sich meine Besucher auf, weil die Dame so ordinäre Worte in den Mund nahm! Das konnte doch nicht angehen! Jedenfalls wurde an diesem Tag dermaßen viel gelacht, dass man noch stundenlang über den Vorfall gesprochen hat – und es dauerte einige Zeit, bis alle Gäste ihren Heimweg fanden!

„Länglich" hat wieder im Haus Helga angerufen.

Nachtrag: Das Café West habe ich zwischendurch verkauft – und habe es, nachdem die Geschäfte des neuen Eigentümers nicht so gut liefen wie erhofft, wieder zurückgekauft! Um 1963 war dann endgültig Schluss. Ich habe das Café abgerissen und an gleicher Stelle zusammen mit meinem Mann ein Acht-Familien-Haus errichtet, mein Bruder hat mir viel geholfen!

Ein anderes Lokal

Mit meiner Tochter unternahm ich ab und zu einen Stadtbummel. Dabei sahen wir nach der neuesten Mode, und mit Vorliebe wurden Hüte ausprobiert! So war es auch diesmal. Ich bin zu dem Zeitpunkt 32 Jahre alt. Als wir nach zwei Stunden genügend Hüte gesehen hatten, überlegten wir, wo man in Mannheim gut essen könnte. Weil wir selten in Gasthäuser gingen, wussten wir nichts darüber, wo es die guten und die weniger guten Lokale gab.

Da fiel uns ein, dass sich im Mannheimer Hauptbahnhof ein großes Restaurant befindet. Dessen große Glasfassade war so konstruiert, dass sie verhindert, dass Außenstehende in das Innere sehen können. Aber bevor wir zum Essen gingen, beschlossen wir, dass wir erst einmal die neuen Apparate zum Selbstfotografieren aufsuchen und ausprobieren wollten. Also, man setzt sich auf einen Stuhl, drückt auf den Knopf, und dann bekommt man Passbilder – sowas hat die Welt noch nicht gesehen! Zumindest bis dahin wohl noch nicht.

Ich kann nicht beschreiben, wie meine Tochter auf den Fotos aussah: wie ein Abkömmling von der Mafia! Und das sechsmal! Wir haben gelacht, und sie sagte: „So, jetzt kommst du dran!" Das Gleiche wiederholte sich. Ich drückte den Knopf, es kamen sechs Fotos heraus, und wir konnten sie kaum ansehen, weil wir gerade dabei waren, uns totzulachen. Ich sah aus wie meine eigene Großmutter!

Es dauerte sehr lange, bis wir uns einigermaßen beruhigt hatten – und Richtung Gaststätte gingen. Als wir die Tür öffneten und in den Raum schauten, traf uns bald der Schlag: Ein riesiger Saal, mindestens 60 Tische, die alle weiß gedeckt waren, aber: weit und breit nur wir zwei, sonst niemand anwesend! Also suchten wir uns einen Tisch, wir hatten ja reichlich Auswahl, und harrten der Dinge, die auf uns zukamen…

Da kam gemächlich ein Ober geschlendert, schwarz gekleidet, weißes Tuch über dem Arm, und blieb vor uns stehen. Nach einer leichten Verbeugung fragte er höflich: „Die Damen wünschen?" Ich sagte: „Was können Sie uns denn empfehlen?" Er: „Am besten ein anderes Lokal!" Da war es um uns geschehen. Wir hatten doch vorher schon so fürchterlich gelacht, und nun kommt dieser Ober mit seinen Sprüchen und setzt dem Ganzen noch die Krone auf! Da war es mit unserer Beherrschung endgültig vorbei! Aber nicht nur wir, auch der Ober lachte mit uns wie die Wahnsinnigen.

Ich kann nur sagen: Das war ein Tag!

Das Gebiss im Wald

Und noch eine Geschichte, die sich um wichtige Kauwerkzeuge dreht!

Es ist das Jahr 1964. Es wird mal wieder gebaut, allerdings nicht mehr in Oppau. Vadder sagt jetzt zum wiederholten Mal: „Do hab ich's hie geleggt! Do, do, an den Platz!" Vadder – so nannten wir liebevoll unseren mittlerweile alten und schon etwas verwirrten Vater – meint sein Gebiss, das er bei der Gartenarbeit auf den Gartentisch gelegt hat, weil es unangenehm drückte. So weit, so schlecht. Alle haben gesucht – aber da drängt sich doch die Frage auf: Können Zähne selbständig unterwegs sein??

Unser Mitbewohner Larry, ein wirklich aufmerksamer Collie mit schwarz-weißem Fell und superschlau, liegt gelangweilt im Schatten und sieht unserem „Treiben" interessiert zu. Doch er gab sich etwas zu gelangweilt, und das fiel uns auf. Also fingen wir an, mit ihm zu reden: „Hast etwa du die Zähne vom Vadder versteckt? Ja, wo sind sie denn, die Zähne? Zeig' uns, wo die Zähne sind!"

Zwei, drei Schläge mit seinem Schwanz waren alles, was er von sich gab. „Hast du die Zähne vergraben? Zeig' uns, wo sie vergraben sind!" … Nach einiger Zeit erhob sich schließlich der Hund, streckte sich ganz lang aus und schlenderte gemächlich Richtung Wald – wir alle ihm nach! Das war ein Bild!

An einem Platz fing er an zu graben, er wühlte und wühlte, und auf einmal hatte er ganz vorsichtig Vaters Zähne zwischen seinen Zähnen! Damit ging er zum Vater und legte ihm die Zähne vor die Füße... Da waren Mensch und Tier richtig glücklich!

Ist das nicht eine tolle Geschichte?!

Mein Vater, geboren am 23. August 1889, starb am 3. August 1967.

Der Mensch stammt (nicht) vom Affen ab

Tante Lisette, eine Schwester meines Vaters, durfte, weil sie schon über 80 Jahre alt war, jedes Jahr nach Westdeutschland zum Besuch kommen. Das wurde von der DDR-Staatssicherheit genehmigt. Sie war dann immer drei Wochen bei ihrem Sohn und auch acht Tage bei mir und meinem Mann. Jedes Mal machten wir daraus ein kleines Fest. Ich denke oft noch an Tante Lisette – man konnte wunderbar mit ihr lachen, sie war voller Humor! Wir verstanden uns blendend.

Ihr Sohn war ein Vogelkundler, also wenn ich das jetzt richtig weiß, nennt man diese Menschen „Ornithologen", mein Enkel wird sicher herausfinden, ob ich das richtig geschrieben habe. Ich verlasse mich da voll auf ihn, denn er weiß alles! Der Sohn hatte also das Fernglas in der Hand und beobachtete einen bestimmten Vogel. Zu seiner Mutter sagte er: „Das ist ein Waldbaumläufer!" Leider hörte Tante Lisette manchmal nicht so gut und fragte erstaunt: „Was ist das? Ein Pfalzbausäufer? Dass es so einen Vogel gibt, habe ich nicht gewusst!" Den gab es in der Tat nicht – wenngleich im Ludwigshafener Pfalzbau bestimmt gerne mal getrunken wurde!

Tante Lisette hat sich für vieles interessiert. Man konnte mit ihr über Gott und die Welt reden. Auch hatte sie zu vielem eine feste Meinung. Durch mich kam sie zu den Außerirdischen, für die ich mich richtig begeistern kann. Stundenlang haben wir über

Für und Wider geredet. Sie war sehr katholisch, wollte aber nicht ausschließen, dass auch alles ganz anders sein könnte, als sie es glaubt.

Da sagte eine Nachbarin zu ihr: „Gell, wir stamme' von de Affe' ab!" Tante Lisette hat sie von oben bis unten gemustert, um am Ende festzustellen: „Sie vielleicht – ich nicht!!!"

Ehrlich gesagt, sie fehlt mir.

Eine unvergessliche Lieferung

In unserem Garten oder vielmehr auf unserer Terrasse hatten Helmut und ich sehr schöne weiße Liegestühle. Die Auflagen dazu gefielen mir nicht mehr – deshalb habe ich im Quelle-Katalog neue gesucht und auch gefunden. Es waren wirklich hübsche Auflagen, ich habe gleich sechs Stück bestellt! Ich war damals ungefähr Mitte 50 und noch kerngesund.

Das Postauto fuhr fast bis zum Eingang meines Hauses. Es herrschte wunderbares Wetter, die Türen standen wie immer offen, so dass der Postbote gleich bei mir war. Er fragte mich, wo er die Pakete denn abladen solle. „Stellen Sie die Pakete direkt ans Garagentor!" Ich gab ihm noch ein Trinkgeld. Die Pakete sah ich mir aber noch nicht an, weil ich zuerst etwas Wichtiges im Haushalt zu erledigen hatte.

Als ich dann zur Garage ging, war ich sprachlos, und das will bei mir etwas heißen! Ich kann heute nicht mehr genau sagen, wie viele Pakete da standen, ich weiß nur, wie viele Kissen am Ende vor der Garage lagen! Also machte ich doch gleich mal das erste Paket auf, und als ich schließlich alles zusammengezählt hatte, da waren das…. 280 (!) Kissen!

Ich musste mich erst mal setzen, dann nahm ich den Telefonhörer und rief bei Quelle an und verlangte den Verkauf. „Also passen Sie jetzt mal auf, was ich Ihnen sage! Ich habe bei Ihrer Firma sechs Auflagen für meine Liegestühle bestellt, und die sind heute gekommen!" – „Ja, sind Sie denn nicht zufrieden? Dann nehmen wir sie wieder zurück." – „Nein, nein, die Kissen sind sogar sehr schön. Aber was glauben Sie, wie viele Sie mir davon geschickt haben?!" Ich setzte fort: „Na, wie viele? Vor meiner Garage stapeln sich 280 Liege-Auflagen – sagen Sie mir doch mal, was ich mit denen machen soll?!"

Erst war es ganz ruhig, dann höre ich, wie der Telefonist ruft: „Kommt mal her, ihr glaubt das jetzt nicht! Ich habe eine Frau am Telefon, der haben wir aus Versehen 280 Kissen geschickt!" Da wurde gelacht, ich lachte natürlich auch, und bei Quelle konnten sie sich kaum beruhigen!

Mir wurde versichert, dass die Pakete noch am selben Tag abgeholt werden.

Meine Freundin aus Kindertagen

Die Kriegszeit und Nachkriegszeit hat viele Menschen von ihren alten Verbindungen getrennt. Meine Freundin aus Kindertagen ist Inge!

Wir waren keine braven Kinder, aber fröhlich, unternehmungslustig und manches Mal auch richtig frech. In der Schule hat Inge einmal, nachdem sie gerade eine schlechte Note in Englisch bekommen hatte, zu ihrer Lehrerin gesagt: „Wenn wir den Krieg gewonnen haben, spricht sowieso die ganze Welt deutsch!" So war das damals. Wer von uns beiden nun frecher war, lässt sich aber schwer feststellen!

Ich habe Inge oft gesucht und habe sie später gefragt: „Wo warst du?" Dann erfuhr ich: „Nachdem wir verschüttet wurden, sind wir, Mutter und Schwester, nach Wien gegangen, ich war dort auf der Schule!" – „Wo warst du bei Kriegsende?" – „Da sind wir gerade noch aus Wien herausgekommen! Danach war ich in Kusel, wo ein Bekannter lebte." Dort war sie mit Fritz Wunderlich, dem späteren Opernsänger, in einer Klasse und gut bekannt. Auch weiß ich, dass Inge und ihre Familie auf den Vater gewartet haben, der spät aus der Gefangenschaft kam.

Jeder hat sein Leben gelebt, und man hat sich aus den Augen verloren! Im fortgeschrittenen Alter nehmen dann die Arztbesuche zu. Eines Tages muss ich zum Lungenfacharzt nach Frankenthal. Die Stühle im Gang sind alle besetzt, da wird gerade ein Stuhl frei. Also setze ich mich und weiß, dass es noch mindestens zwei Stunden dauern wird, bis ich drankomme! Jetzt wird mein Nachbarstuhl frei. Da kommt eine Dame Richtung freier Stuhl... ich gucke und gucke und denke: Wenn das nicht die Inge ist?! Sie setzt sich auf den freien Stuhl, und ich sage mir, wenn das wirklich sie ist, hätte sie mich doch bestimmt erkannt?!

Die Tür geht auf, und der Arzt ruft den Nachnamen! Jetzt weiß ich, dass es Inge ist! Ich springe auf und rufe ganz laut: „Inge, Inge!" Sie springt herum und ruft genauso laut und sagt mir, dass sie später im Parkhaus auf mich warten würde. Nach über vierzig Jahren haben wir uns endlich wiedergetroffen, und wir haben uns riesig gefreut!

Dass auf dem Rücksitz ihres Autos ein Schäferhund lag, hat mich nicht gewundert. Hunde gehören zu ihrem Leben! Ihre Eltern hatten Dobermänner, ob es eine Zucht war, weiß ich nicht. Jedenfalls hatten sie immer einige Hunde. Wenn wir als Kinder durch den Hof rannten, waren links und rechts die Hunde in Zwingern und haben gebellt. Manchmal hatte ich Angst.

Jetzt war der Kontakt also wiederhergestellt! Wir rufen uns seitdem jede Woche mindestens viermal an. Als sie in diesem Jahr im März Geburtstag hatte, fuhr ich mit meinem Enkel bis an ihr Haus. Als ich dann vor der Tür stand, habe ich sie angerufen, sie solle mal rauskommen! Sie kam, ließ einen Schrei los, und wir hatten einen tollen Nachmittag, an dem wir viele alte Bekannte wiedersahen!

Weil wir inzwischen beide ziemlich krank sind, haben wir Folgendes beschlossen:

Wer von uns zuerst stirbt, hält dem anderen im Himmel einen Platz frei – links oder rechts!

Man sieht sich immer zweimal...

Mitte der 90er Jahre, mein Mann Helmut und ich sind inzwischen im Rentenalter. Wenn ich aus dem Haus gehe oder fahre, führt der gerade Weg bergab nach ungefähr 300 Metern direkt zur Straße!

Eines Tages fahre ich mit meinem Renault in mäßigem Tempo die Strecke abwärts. Mitten auf dem Weg läuft ein Spaziergänger mit flotten Schritten. Ich überlege, wie ich wohl am besten an ihm vorbei-komme. Wenn ich jetzt hupe, erschreckt sich dieser Zwei-Meter-Mann vielleicht noch und springt in den Graben! Das will ich ja nicht! Die Hoffnung, dass er den Motor wahrnimmt und vielleicht mal nach hinten schaut, habe ich inzwischen aber aufgegeben, weil ich schon ziemlich dicht hinter ihm bin und er immer noch keinen Millimeter von seiner Route abweicht!

Also mache ich mich ganz langsam seitlich an ihn heran, und gerade denke ich, „so könnte es klappen"... Jetzt habe ich ihn seitlich erreicht, und nach meinem Ermessen kann jetzt wirklich nichts mehr schiefgehen! Und was soll ich sagen, wie ich so vor mich hindenke, da macht dieser Riese von einem Mann einen Satz – und springt tatsächlich in den Graben, der an dieser Stelle glücklicherweise nur dreißig Zentimeter tief ist. Das sah so komisch aus! Ich fuhr endlich vorbei, und ich habe gelacht und gelacht – es war einfach zu komisch!

Ganz unten am Ende des Weges musste ich anhalten, weil sich hier mein Briefkasten befindet. Ich nahm meine Zeitung, setzte mich wieder ins Auto, machte das Fenster auf und wollte gerade einen Artikel lesen – da schaute auf einmal ein Glatzkopf zum Fenster rein und sprach Folgendes:

„Blöde Kuh!"

Dann rannte er mit Riesenschritten die Straße runter! Weg war er! Ich konnte ihn nicht verfolgen, denn ausgerechnet an diesem Tag war die Straße für Fahrzeuge gesperrt! Das war vielleicht ein Pech – bzw. sein Glück, denn ich weiß nicht, wie ich reagiert hätte!

Schade ist, ich hätte in dieser Situation endlich die Gelegenheit gehabt, einen Spruch loszulassen, den ich als Kind gehört habe, der mir seitdem sehr gut gefiel und den ich aber zuhause nie sagen durfte. Die mittlerweile 92-jährige, aber immer noch pfiffige Tante Lisette hat die gesamte Begebenheit mit dem Glatzkopf mitbekommen, denn sie war gerade bei uns zu Besuch. In der Folge fragte sie mich öfters, ob ich ihn inzwischen mal wieder gesehen hätte, denn sie wollte unbedingt wissen, was ich dann wohl zu ihm sage?!

Nach ungefähr drei Monaten, als ich wieder einmal dabei war, die Strecke bergab zu fahren, läuft da ein Riesen-Mann und schlenkert mit den Armen! Tatsächlich, das ist er! Und diesmal ist neben ihm wirklich noch genug Platz für mich!

Also was mache ich? Ich setze mich mit meinem Auto neben ihn, halte an, der Glatzkopf stoppt ebenso, und ich sage laut und deutlich:

„Arschloch, dreigedrehtes!!!"

Dann düse ich weg! Ich habe über 50 Jahre gebraucht, um diesen Satz endlich einmal loszuwerden! Und ich muss zugeben: Danach fühlte ich mich richtig gut!

Spurensuche in Berlin –
eine Reise in die Vergangenheit meines Mannes

Ich war seit 1960 mit Helmut verheiratet. Eigentlich hatte ich mir nach meiner Scheidung 1959 vorgenommen, keine neue Ehe mehr einzugehen! Kennengelernt haben wir uns in meinem Café. Er holte sich gerade Zigaretten, und ich kann sagen: Es war Liebe auf den ersten Blick! Viele Menschen behaupten, dass es das nicht gibt. Aber ich weiß: Das gibt es tatsächlich!

Helmut war zu dieser Zeit bei seinem Onkel zu Besuch. Er war als Flüchtling von Ost-Berlin zunächst nach West-Berlin gekommen – und von dort aus nach Westdeutschland. Bei der Firma Becker in Karlsruhe nahm er eine Arbeit als Entwicklungsmechaniker an. Ab 1960 war Helmut dann als Feinmechaniker selbstständig, hat tolle Modelle gebaut und konnte handwerklich wirklich alles! Ich erinnere mich, wie er einmal einen ganzen Nachmittag verschwunden war. Als er nach Hause kam, fragte ich: „Wo warst du so lange?" Helmut hatte in einem Neubaugebiet angehalten und auf einer Baustelle zugeschaut, wie die Heizungen installiert werden. Später konnte er auch das alles selbst!

Im Gegensatz zu mir war Helmut eher ein ruhiger Typ, mit dem man einfach keinen Streit bekommen konnte! Darüber habe ich mich manchmal sogar geärgert, denn ich diskutiere ganz gerne! Er war immer hilfsbereit, hatte Stil und war überall sehr beliebt! Wir haben uns prima verstanden und uns gut ergänzt! Er hat das Handwerkliche gemacht, ich das Organisatorische und Finanzielle.

Helmut hatte drei Schwestern und einen Bruder, der im Krieg gefallen war. Seine Mutter lebte bis zu ihrem Tod in Ost-Berlin, die deutsche Wiedervereinigung hat sie leider nicht mehr miterlebt. Nachdem Helmut die DDR verlassen hatte, hat ihn sofort jemand bei der Stasi angezeigt. „Republikflucht" nannte man das! Zum Glück war Helmut zum Zeitpunkt dieser Denunziation schon über alle Berge, das heißt in Oppau, so dass ihm nichts passiert ist! Die Stasi hat noch am selben Tag bei seiner Mutter eine Hausdurchsuchung gemacht... Als hätte er es geahnt, hatte Helmut, bevor er abgehauen war, bewusst einige Kleidungsstücke bei ihr deponiert. So konnte sie im Fall des Falles, der dann eingetreten ist, aussagen, dass seine Kleider noch alle da sind...

Doch wer hat ihn verraten?! Lange Zeit waren Helmut und ich davon ausgegangen, dass es Reini war, der Mann von Helmuts mittlerer Schwester. Dazu muss man wissen: Reini war eingefleischter Kommunist. Das ging so weit, dass er sich sogar von seiner Frau scheiden ließ, weil ihr Bruder, also Helmut, Republikflucht begangen hat! Toll... Nach Jahren haben die beiden übrigens wieder geheiratet! Interessant ist allerdings, was Helmuts Mutter uns schließlich in den 80er Jahren mitzuteilen hatte: Derjenige, der Helmut damals verpfiffen hat, war gar nicht Reini – es war ein anderer Schwager, nämlich der Mann von Helmuts ältester Schwester!

Und auch die beiden waren hundertprozentig „linientreu". Sie haben es dem Helmut schwer übelgenommen, dass er aus ihrem Arbeiter- und Bauern-Staat geflüchtet ist!

Die älteste Schwester wurde irgendwann vom „Verräter" geschieden, und sie hat uns als Rentnerin, als sie in den Westen reisen durfte, besucht. Ich erinnere mich, wie ich mit ihr heftig diskutiert habe, als sie allen Ernstes anfing, Stalin zu verteidigen! So etwas konnten Helmut und ich uns einfach nicht anhören! So sagte ich etwas, das ihr überhaupt nicht gefallen hat, nämlich: „Stalin war der allerschlimmste Verbrecher von allen!"

1990 – das Jahr der Wiedervereinigung: Bisher war es ja so, dass die DDR-Bürger keinen Westkontakt unterhalten durften, doch diese Zeiten waren nun vorbei! Eines Tages rief Helmuts mittlere Schwester bei uns an – was für uns eine ziemliche Sensation war! Sie teilte uns mit, dass die älteste Schwester gestorben war. Und sie wollte wissen, ob wir kommen wollen, und wenn ja, ob wir sie und ihren Mann Reini besuchen. Ich höre Helmut sagen: „Selbstverständlich! Ich will euch doch wieder sehen, nach so langer Zeit!" Helmut trägt nichts nach – was war, ist vorbei. Er ist zu jedem freundlich! Zum Verrat durch seinen anderen Schwager sagte Helmut nach so vielen Jahren: „Er war damals noch ein junger Mann, wie wir alle, es ist lange her…"

Also sind wir hingefahren. Eines vorneweg: Mit dem „Verräter" wurden wir dort nicht konfrontiert! In Berlin haben wir uns zunächst auf Spurensuche gemacht. In Niederschönhausen hoffte Helmut, sein Elternhaus wiederzufinden. Er erzählte mir, dass das Eisengeländer am Hoftor immer so gewackelt hat… Und tatsächlich, wir haben diesen Ort wieder-gefunden. Und auch nach über einem halben Jahr-hundert wackelte das Geländer noch so wie damals!

Dann lernte ich Reini kennen. Die Sippschaft in Berlin hatte mich vorher gewarnt: „Rede bei Reini bloß nicht über Politik!" Und was soll ich sagen? Ich habe mit ihm über Politik gesprochen! Und jetzt kommt's: Wir haben uns auf Anhieb verstanden! Auch Helmut kam gut mit ihm klar. Reini hatte bisher mit keinem westlichen Verwandten geredet, auch nach der „Wende" nicht – und hat auch nie jemanden besucht. Selbst das Begrüßungsgeld für DDR-Bürger hat er nicht angenommen! Außerdem war er bereits schwer krank. Nun komme ich, und wir sprechen mit-einander…

Bevor wir zur Beerdigung von Helmuts ältester Schwester gingen, was ja der Anlass unserer Reise war, machten wir uns auf den Weg zu einem anderen Friedhof. Dort liegt Helmuts Mutter begraben. Reini und ich spazierten etwas langsamer, sprachen über alles Mögliche, auch wieder über Politik.

Wir zwei gingen über die breite Straße vor dem Friedhof, und mitten auf der Fahrbahn sagte ich: „Reini, bleib' mal stehen! Ich muss etwas wissen!"

Reini hörte mir zu. „Sage mir mal, ich weiß ja, dass du ein hundertprozentiger Kommunist bist... Wie war das eigentlich für dich und deine Genossen, als die DDR unterging? Das muss doch schlimm gewesen sein..." Ich sagte noch: „Mir kommt das vor wie damals bei Hitler, da gab es viele, die haben sich hinterher sogar das Leben genommen! Nun sage mir mal, wie war das bei euch?" Reini hielt inne... Wir standen immer noch mitten auf der Straße, und ich konnte nicht einschätzen, wie er jetzt reagieren würde.

Erst mal sagte er gar nichts, wie verloren schaute er die Straße entlang. Dann wendete Reini den Blick auf mich und sprach ziemlich leise: „Es war furchtbar!" Darauf meinte ich: „Ich glaube dir das, man denkt, die Welt geht unter. Ich denke, dass ihr, also du und deine Genossen, bestimmt viel darüber gesprochen habt. Vor allen Dingen, wie geht es weiter?" Da erklärte er: „Du wirst dich wundern: Wir trafen uns, und die älteren Genossen sagten: ‚Uns konnte gar nichts Besseres passieren!'" Jetzt war ich sprachlos... und pflichtete ihm bei: „Es stimmt doch – ihr habt doch gar keine Absatzmärkte mehr gehabt, also war es gut so!"

Wir gingen weiter Richtung Friedhof, haben gelacht – und Helmut, der die Situation aus der Ferne gesehen hatte, hat sich gewundert. Am Ende hat Reini, der nie in den Westen wollte, tatsächlich den Wunsch geäußert, uns einmal zu besuchen! Doch dazu sollte es nicht mehr kommen...

Was ich nicht wusste: Zu diesem Zeitpunkt war Helmut bereits schwer krank. Dass mit ihm irgend etwas nicht stimmen könnte, hatte ich allerdings schon befürchtet. Deswegen sind wir nach Berlin, anders als sonst, auch nicht mit dem Auto gefahren, sondern mit dem Zug.

Seit dieser Reise lebte Helmut noch genau ein Jahr. Er starb am 31. August 1999. Nach seinem Tod hat Reini bei mir angerufen und mir mitgeteilt, dass es ihm sehr leid tut – und dass er sehr froh ist, dass er meinen Mann noch einmal getroffen hat! Ein Jahr später starb auch Reini.

Helmut und ich hatten uns häufig ausgemalt, wie es einmal sein würde, wenn wir gemeinsam alt werden... Wir waren voller Zuversicht, und wir hatten noch so viel vor.

Helmut wurde 69.

Er war der Mann meines Lebens!

Und plötzlich bin ich schwerkrank oder: Totgesagte leben länger!

Ich war mein Leben lang nie richtig krank. Ich habe geturnt, ich war bei den Handballern, ich habe Häuser gebaut. Und ausgerechnet ich bekomme dann so eine bescheuerte Krankheit. Im Jahr 2000 waren die Beschwerden schlimmer geworden. So bin ich irgendwann zum Arzt gegangen, was ich eigentlich nicht gerne mache. Das Erstaunliche: Ausgerechnet das kleine Krankenhaus an meinem Wohnort hat die richtige Diagnose gestellt: Morbus Wegener, eine Rheumakrankheit, die zum damaligen Zeitpunkt noch schwer zu behandeln war. Der zuständige Arzt sagte zu mir, er hätte wenigstens eine gute Nachricht für mich: „Es ist kein Krebs!"

Trotzdem ist es eine schlimme Krankheit. Das erfuhr ich auf die folgende Weise. Als ich einige Zeit später bei den Spezialisten im Klinikum damit ankam, war man erst mal überrascht, dass diese seltene Krankheit tatsächlich erkannt wurde, und das in einem so kleinen Krankenhaus! Dann fragte ich den Oberarzt, wie lange ich denn noch zu leben hätte. Seine Antwort: „Man sagt, zwei Jahre" – „Na, dann hab' ich ja noch ein Jahr!" – „Ach, so dürfen Sie das nicht sehen. Wenn Sie morgen auf die Straße gehen und vom Auto überfahren werden, sind Sie auch tot". Also das waren ja tolle Aussichten! Als meine Verwandten das mithörten, sind sie auf dem Krankenhausflur stumm davongelaufen. Aber ich lasse mich nicht unterkriegen! Ich sage immer:

„Dass ich in die ewigen Jagdgründe eingehe, den Gefallen tu' ich so schnell niemandem!" Die nächsten zwei, drei Jahre würde ich schon noch gerne erleben!

Eines Tages ging ich wieder zur Kontrolluntersuchung. Als ich in der Klinik ankam, sagte eine Vertretungsärztin zu mir: „Das ist ja interessant, dass wir Sie hier sehen. Wir haben nämlich gerade über Sie gesprochen!" Ich fragte: „Warum? Bin ich denn so interessant?!" – „Das nicht – aber Sie sind die einzige, die noch lebt!" Also ich bin ja hart im Nehmen... Die anderen in der Studie, in der ich mitmachte, waren alle schon gestorben. Zum Glück hatte aber bei mir das Medikament angeschlagen. So kann ich mit dieser blöden Krankheit einigermaßen leben. Auch wenn das Blut ziemlich darunter gelitten hat und fast alle meine Organe dadurch in Mitleidenschaft gezogen wurden. Inzwischen musste ich das Medikament absetzen – und mir geht es besser als vorher! Ich will nicht jammern! Es gibt ja so Menschen, die können nicht gesund sein, wenn sie nicht krank sind!

Als ich dann wieder zur Kontrolle ging, teilte man mir mit, mein Zustand sei eigentlich ganz gut. Ich müsste mir keine allzu großen Sorgen machen. Ich war schon fast zur Tür hinaus... Doch eines hatte mich gewundert, und darauf sprach ich den behandelnden Arzt, der die ganze Zeit wie gebannt nur auf seinen Computer starrte, jetzt an:

„Sie haben gar nicht gefragt, wie's mir geht." Darauf der Arzt: „Entschuldigung, also ich frage Sie jetzt: Wie geht es Ihnen"? Ich sage: „Frage' Se mich net!"

Die gemischte Veranstaltung

Wegen meiner Rheumakrankheit muss ich viertel-jährlich ins Klinikum. Mein Bruder hat mich fast immer gefahren. An einem solchen Tag im Jahr 2005, er hat mich gerade wieder gemeinsam mit seiner Frau dorthin gebracht, erreichte ich schließlich das Krankenzimmer, in dem ich die nächste Zeit verbringen sollte. Die Tür stand offen, und eine Schwester sagte mir, ich müsse noch warten, weil das Zimmer noch nicht „fertig" sei.

Und so haben wir uns im Gang auf Stühle gesetzt und gewartet. Da sagte meine Schwägerin: „Hast du das gesehen, auf dem ersten Bett saß ein Mann!" Das hatte ich nicht gesehen. Irgendwann konnten wir das Zimmer betreten – und was sah ich?! Auf dem ersten Bett saß tatsächlich ein Mann, dunkelblauer Pullover, kurzer Haarschnitt, eben ein Mann! Dann war ich allein, es kam ein junger Arzt, der sich an den Tisch setzte und mich als Patientin aufnahm.

„Also bevor ich jetzt meine Angaben mache, möchte ich erfahren, ob wir hier eine ‚gemischte Veran-staltung' haben?!" – „Wie kommen Sie denn auf sowas?", fragte der Arzt. – „Na, was tut der Herr in meinem Zimmer und auf meinem Bett?!" Der Arzt fing an zu lachen und klärte mich auf: „Dieser Herr ist eine Dame!" Ich war vielleicht sprachlos, und das ist bei mir eine Seltenheit! „Was, was, sowas muss man mir doch dazusagen!" Ich wusste überhaupt nicht, wie ich jetzt reagieren sollte. Schließlich musste ich mit der Dame bzw. dem Herrn allein im Zimmer bleiben. Die Dame sagte erst mal nichts. So etwas Unangenehmes kann sich kein Mensch vorstellen!

Also – ich raffte mich auf und ging zu der Dame ans Bett: „Entschuldigen Sie, dass ich Sie für einen Mann gehalten habe. Der dunkle Pullover, der kurze Haarschnitt…" Da sah sie mich an, und es wird keiner glauben, aber: Sie sah immer noch aus wie ein Mann! „Es ist so: Ich hatte ja meine Brille nicht auf", sagte ich, was allerdings gelogen war. Sie entgegnete: „Sehen Sie jetzt, dass ich eine Frau bin?!" – „Klar, selbstverständlich! Und ich muss mich nochmals entschuldigen."

Ich legte mich ins Bett. Nun suchte sie das Gespräch mit mir. Man konnte sich gut mit ihr unterhalten, denn sie war sehr gebildet. Wir sprachen stunden-lang über Geschichte, Politik, Außerirdische, und ich muss sagen: Ich war von ihr wirklich sehr angetan. Dann kam eine Ärztin ins Zimmer – und teilte der Dame mit, dass sie in eine andere Abteilung verlegt werden müsse! „Nein, ich gehe aus diesem Zimmer nicht raus!", sprach sie, „ich habe hier jemanden kennengelernt, mit dem ich mich wunderbar verstehe – nein, ich gehe nicht!"

Die Ärztin machte ihr klar, dass es leider nicht anders ginge, ihre Behandlung könne nur dort stattfinden.

Und so wurde ich von der Dame, die ursprünglich ein Herr war, getrennt.

Der rote Knopf oder: Wer einmal Hilfe braucht...

Frühjahr 2017. Mein Enkel sagt: „Du brauchst unbedingt so einen roten Knopf! Dann kann dir nicht viel passieren, wenn du mal fällst!" Er meint den Hausnotruf, und eigentlich will ich das gar nicht! Aber ich bin inzwischen 86 Jahre alt und ziemlich krank – Morbus Wegener, Niereninsuffizienz, Bronchialasthma, Blutarmut, Lungenemphysem usw. Außerdem lebe ich allein, passieren könnte da immer mal was! In letzter Zeit bin ich schon einige Male gestürzt! Also habe ich mich dafür entschieden! Der Mitarbeiter des Wohlfahrtsverbands besuchte mich, ich unterschrieb den Antrag und gab ihm auch gleich zwei Schlüssel – so dass sie im Falle eines Falles schnell in meine Wohnung kommen! Seitdem trage ich um meinen Hals ein Band, an dem der rote Knopf befestigt ist. So weit, so gut!

10. April, 3 Uhr morgens: Ich steige aus dem Bett, gehe Richtung Bad. Nach zwei Schritten komme ich ins Taumeln und falle, trotz Stock, rückwärts wieder aufs Bett – und zwar auf die Kante der Matratze! Das Sauerstoffgerät hängt noch an mir. Ich rutsche übers Bettgestell hinab und sitze auf dem Boden! Da hocke ich nun und will aufstehen, aber es ist mir nicht möglich!

Erst mal robbe ich durch den gesamten Raum, der nicht groß ist, probiere mich am Sessel hochzuziehen, am Rollator, am Stuhl... aber ich komme nicht in die Höhe! Es dauert eine ganze Stunde, bis mir einfällt, dass ich doch diesen roten Knopf habe! Gott sei Dank, denke ich mir, und ich drücke den Knopf! Mit meinem dünnen Nachthemd bekleidet sitze ich nun auf dem kalten Fliesenboden und warte...!

Von der Empfangsstation, die in meinem Flur steht, vernehme ich eine Stimme – doch ich verstehe nicht, was gesagt wird! Deshalb rufe ich ganz laut: „Ich liege hier am Boden, ich kann nicht aufstehen! Kommen Sie vorbei und schließen Sie auf, Sie haben ja Schlüssel!" Dieses Zwiegespräch wiederholte sich mehrere Male. Ob man mich wirklich verstand, wusste ich dabei nicht...

Plötzlich Geräusche vom Balkon her – ich sehe, wie zwei Männer meinen Rolladen in die Höhe schieben! Nun sehen sie mich, und ich wiederhole, was ich schon die ganze Zeit gesagt hatte: „Ich kann nicht aufstehen! Ich kann nicht aufstehen!" Da rufen doch die Männer durch das geschlossene Fenster und fragen mich allen Ernstes, ob ich bitte an die Tür kommen könnte! So ein Unsinn – sie mussten doch erkennen, dass ich auf dem Boden lag! Doch inzwischen war mir alles egal...

Da höre ich Schläge und Rufe – und kann mir nicht erklären, was da vor sich geht! Dann auf einmal Licht im Gang, die Tür geht auf, und zwei Sanitäter stürmen zu mir! Na, endlich! „Wie sind Sie denn jetzt in die Wohnung gekommen?!" Was ich dann höre, ist ein Schock: „Na, das war die Feuerwehr, die hat Ihr Schloss aufgebohrt! Sie haben jetzt ein neues Schloss – und neue Schlüssel noch dazu!" In dem Moment war ich irritiert, aber eines interessierte mich jetzt brennend: „Warum haben Sie denn nicht mit meinem Schlüssel geöffnet?" Da druckste einer der Männer herum: „Ich habe gar nicht den Mut, Ihnen das jetzt zu sagen." – „Doch, sagen Sie ruhig, was los ist, ich bin hart im Nehmen!" – „Also, wir haben Ihre Schlüssel nicht gefunden!"

Das konnte ich jetzt kaum glauben! Ich sagte: „Da habe ich ja großes Glück gehabt, dass ich keinen Herzinfarkt hatte!" Plötzlich stellte ich fest, dass zwei weitere Männer in meinem Zimmer waren. Sie waren schwarz angezogen, also fragte ich: „Wer seid ihr denn?" Da drehten sie sich langsam um, und ich sah auf ihrem Rücken den folgenden Schriftzug: „POLIZEI"! Da mussten wir alle lachen! „Warum seid ihr denn hier?" Die beiden Männer erklärten mir, dass sie immer dann kommen müssen, wenn auch die Feuerwehr kommt.

Zum Abschluss teilten mir die Sanitäter noch mit, dass die Feuerwehr die Rechnung an mich schickt. Na, sollen sie doch! Von mir sehen sie keinen Cent! Eine Entschuldigung wäre wohl eher angebracht!

Nachtrag: Nach diesem Vorfall habe ich mir eine Erkältung zugezogen. Das lange Liegen auf dem kalten Fußboden war zu viel für mich! Wegen dieser Erkältung verbrachte ich zehn Tage im Krankenhaus! Dort haben sie mich aufgepäppelt! Und was soll ich sagen? Hinterher ging es mir besser als vorher!

Ich sage ja immer: „Do machscht was mit!"

Nachwort *von NichtGanzDichter, im Juli 2021*

Das waren sie, die „Geschichten der Pfälzer Oma" – fröhlich, dramatisch, bewegend, vielschichtig und kurios! Was für ein Leben! Und wie oft lagen Heiterkeit und Tragik eng beieinander... Vielleicht wird nach dieser Lektüre verständlich, warum viele meiner Freunde und Bekannten den Wunsch äußerten, meine Großmutter einmal persönlich kennenzulernen – nachdem ich von der einen oder anderen Begebenheit berichtet hatte. Einigen wurde diese Ehre zuteil, wenngleich es „Leberworscht un' Mohreköpp" dann doch nie geben sollte, eine Kombination, über die sich die Oma gerne amüsierte.

Selbstverständlich wären zahlreiche weitere Episoden aus diesem ungewöhnlichen Leben zu erzählen, so etwa die Geschichte ihrer Scheidung, die in den 50er Jahren erfolgte, als es noch unüblich war, dass eine Frau einen solchen Schritt unternimmt. Aber wie sagte sie: „Ich hätt' mich auch scheide' g'lasst, wenn ich fünf Kinner g'habt hätt'!" Über ihren zweiten Mann Helmut, der ein großzügiger und feinsinniger Mensch war, gäbe es viel Positives zu berichten.

Wieder einmal Glück hatte die Oma im August 1988, als sie Helmut dazu überredete, ausnahmsweise einmal nicht die Flugschau in Ramstein zu besuchen – und ein Jahr später, als sie mit ihrem Auto durch Maxdorf fuhr, nur wenige Sekunden, bevor ein Flugzeug auf den Großmarkt stürzte.

Da wäre noch das lustig-dreiste Erlebnis, als sie es im zarten Alter von 88 doch tatsächlich mit einem lüsternen Taxifahrer zu tun bekam! Der erklärte ihr, welche Wirkung er auf Frauen habe, dass das Alter gar keine Rolle spiele und dass weibliche Fahrgäste ihm schon einmal 50 Euro Trinkgeld spendierten – worauf die Oma erwiderte: „Von ihrer Wirkung merk' ich aber nix! Das brauche' Se gar net erst versuche'! Und mehr als zwei Euro kriege' Se von mir net!"

Auch war die Zeit, in der ich meine Oma gepflegt habe, trotz aller Härten von Humor geprägt. Seit 2013 unterhielt ich einen zweiten Wohnsitz in Ludwigshafen, um in ihrer Nähe zu sein.

Besonders in Erinnerung werden jedoch ihre Auftritte bleiben, die mit Veröffentlichung dieses Werks ihren Anfang nahmen. Die Buchvorstellung in der Ludwigshafener Zentralbibliothek sorgte im Juli 2018 für ein volles Haus. „Der im karierten Hemd ist Schuld", sagte sie gerne mit Hinweis auf „den Enkel, der sie zu allem gezwungen" habe. Ihren letzten Auftritt hatte die Pfälzer Oma im November 2019 – in einem Bestattungsinstitut! Unter dem Motto „Sa(r)g mal was" gab sie ihre Geschichte „Totgesagte leben länger" zum Besten. Und als sie den weißen Sarg im Eingangsbereich erblickte, erklärte sie dem Inhaber, da bekäme sie doch „glatt Lust zu sterwe", was sie sich angesichts des Preises noch einmal anders überlegte.

Dass E.B.'s letzter Auftritt schließlich sogar Eingang in die Trauerrede anlässlich ihrer Beisetzung fand, dürfte ganz in ihrem Sinne gewesen sein. So lebten auch in der Stunde des Abschieds viele heitere Momente aus einem durch und durch unkonventionellen Leben wieder auf. Und jeder, der sie kannte, war erschienen. Ihr Wunsch, 90 Jahre alt zu werden, hat sich erfüllt.

Für die schöne gemeinsame Zeit gebührt meiner Oma großer Dank. Ich bin davon überzeugt, dass ihre Berichte auch für künftige Generationen von Interesse sind. Die noch lebenden Zeitzeugen dürften sich in so mancher Geschichte wiederfinden, gerade wenn es um Erfahrungen aus der entbehrungs-reichen Kriegs- und Nachkriegszeit geht.

Abschließend fällt mir eine Anekdote ein, die die Großmutter einmal im Fernsehen aufgeschnappt und Zeit ihres Lebens immer wieder gerne erzählt hat:

Ein junger Journalist interviewt einen 100-Jährigen. Am Ende des Gesprächs meint der Journalist: „Na, ob wir uns vielleicht nächstes Jahr noch mal sehen?" Sagt der 100-Jährige: „Warum denn nicht? Sie sehen doch noch ganz gut aus!"

Platz für Notizen

Zeitfracht Medien GmbH
Ferdinand-Jühlke-Straße 7
99095 Erfurt, Deutschland
produktsicherheit@kolibri360.de